Mindfulness con corazón

Erik van den Brink, Frits Koster
y Sylvia Comas

Mindfulness con corazón

Una guía práctica para cultivar una vida
compasiva basada en la atención plena

Título original: *A Practical Guide to Mindfulness-Based Compassionate Living
– Living with Heart*
© Erik van den Brink, Frits Koster y Sylvia Comas, 2018
Publicado por acuerdo con los autores.
© de la traducción, Sylvia Comas
© Ediciones Kōan, s.l., 2022
c/ Mar Tirrena, 5, 08918 Badalona
www.koanlibros.com • info@koanlibros.com
ISBN: 978-84-18223-82-2 • Depósito legal: B-17243-2023
Diseño de cubiertas de colección: Claudia Burbano de Lara
Ilustración de cubierta: Elsa Suárez Guirard
Maquetación: Cuqui Puig

Impresión y encuadernación: Romanyà Valls
Impreso en España / *Printed in Spain*

1ª edición, octubre de 2023

«*Mindfulness con corazón* ofrece una valiosa herramienta para aquellos que desean aprender más no solo sobre el funcionamiento de su mente y cómo encontrar el equilibrio emocional, sino también cómo poner el amor altruista y la compasión en el centro de sus vidas. ¿Cómo vivir plenamente sin altruismo ni compasión? Se ha demostrado que las intervenciones basadas en *mindfulness* (en particular, MBSR y MBCT) reducen el estrés, previenen las recaídas de la depresión y mejoran la vida de innumerables personas con dificultades, entre otros efectos. Estoy convencido de que combinar la compasión con la atención consciente añade una nueva dimensión a estas intervenciones y ayuda a cultivar una relación más afectuosa con uno mismo y con los demás. En esencia, la compasión, como el altruismo, no es un lujo, sino una necesidad.»

MATTHIEU RICARD, autor

«Una guía práctica y abundante para vivir con un corazón sabio.»

TARA BRACH, Estados Unidos,
instructora de meditación y autora
(www.tarabrach.com)

«Desde la primera página de este libro está claro que Erik y Frits tienen un deseo ardiente de ayudar a la gente a aliviar el dolor en sus corazones y mentes con su curso MBCL. Partiendo del maravilloso trabajo de su primer libro, *Vida compasiva basada en mindfulness* (Desclée de Brouwer, 2017), ahora han producido un volumen en el que la accesibilidad es un factor clave, con un curso de ocho semanas claramente diseñado para que el lector pueda seguirlo fácilmente y sacar el máximo provecho de su excelente, amable y sincero trabajo. Tienen el don de sintetizar ideas de vital importancia en un programa fácil de seguir al que cualquiera puede acceder y del que puede beneficiarse. Muy recomendable.»

VIDYAMALA BURCH,
cofundadora de Breathworks y autora

«Un libro claro, fácil de utilizar y útil para cualquier lector, ya sea practicante novel sin demasiado conocimiento de *mindfulness* o especialistas en el tema. Los autores, expertos psicoterapeutas y maestros de meditación, con años de experiencia en la enseñanza del *mindfulness* y de terapias de tercera generación, han conseguido una síntesis teórico-práctica que puede ser utilizada de modo formal e informal. Seguro que el libro colma las expectativas de todos sus lectores.»

JAVIER GARCÍA CAMPAYO, coordinador del Master de
Mindfulness en el Servicio de Psiquiatría del Hospital
Miguel Servet de la Universidad de Zaragoza

«Todos deseamos ser felices, nadie quiere sufrir. *Mindfulness con corazón* nos invita a reconocer esta profunda motivación y nos ofrece un camino sabio y compasivo que integra las prácticas contemplativas con la psicología budista y las evidencias científicas actuales. Un manual con un amplio abanico de herramientas accesibles para ayudarnos a aliviar el sufrimiento y promover el florecimiento tanto personal como social. Un libro que vale la pena tener a mano para leer, practicar, saborear y dejarte llevar por la amable y sabia guía de sus autores Erik van den Brink, Fritz Koster y Sylvia Comas.»

DHARMAKIRTI ZUÁZQUITA, director de RespiraVida BreathWorks, autor del libro *Kindfulness: atención consciente y amable para el estrés* y cofundador de la Red Española de Programas Estandarizados de Mindfulness y Compasión

«La vida compasiva basada en *mindfulness* se está extendiendo maravillosamente por todo el mundo y tocando vidas de forma transformadora. Este nuevo libro hace que la práctica sea más accesible para los no expertos. Nos ofrece un camino de entrenamiento personal para permitir que la compasión surja en nuestra vida cotidiana. Este libro es un regalo para todos nosotros.»

REBECCA CRANE, directora del Centre for Mindfulness Research and Practice, Bangor University (Reino Unido) y autora de *Terapia cognitiva basada en el mindfulness*

«Erik y Frits han diseñado un programa que se fundamenta cuidadosamente en las enseñanzas aprendidas de los programas basados en el *mindfulness*, como el MBSR y el MBCT. Sobre esta base, introducen explícitamente prácticas de compasión. Esto significa que el programa tiene una base teórica sólida y convincente, que Erik y Frits han adaptado cuidadosamente para ajustarse al contexto de los entornos clínicos. Las prácticas y los ejercicios ofrecen la posibilidad de explorar a fondo la compasión en la vida de una persona. Esta guía práctica ofrece un menú de opciones para cada semana y anima a explorar y trabajar en lo que es necesario, posible y útil en cada momento. Tengo la impresión de que volveré muchas veces sobre sus beneficios.»

ALISON EVANS, fundadora y codirectora de la
Mindfulness Network CiC, y profesora titular
de Centre for Mindfulness Research and Practice,
especialista en Supervisión basada en Mindfulness,
Universidad de Bangor (Reino Unido)

«Esta maravillosa guía será útil para cualquier lector interesado en el poder curativo del *mindfulness*. Los autores han dedicado su vida a estas enseñanzas y han elaborado una forma clara y práctica de combinar lo mejor de la ciencia con los conocimientos de las tradiciones contemplativas. Estoy convencida de que este enfoque de ocho sesiones es muy innovador y es exactamente lo que el mundo necesita ahora. No puedo más que recomendar este libro.»

SUSAN GILLIS CHAPMAN, maestra budista y autora de
Las cinco claves de la comunicación mindful

«Este manual, pragmático y fácil de usar, ofrece una poderosa integración de prácticas de compasión para personas que ya tienen alguna experiencia de *mindfulness* en su haber. Basado en una comprensión evolutiva de por qué los seres humanos son tan propensos a dañarse a sí mismos y a los demás, ofrece un camino sostenido para que las personas entren en contacto con su malestar y puedan transformarlo, conectando con su capacidad de sentir y expresar bondad y compasión en cada momento de sus vidas. Que el mayor número posible de personas se vea afectado por este proyecto.»

TIMOTHEA GODDARD, directora y fundadora de
Openground Mindfulness Programs y del
Mindfulness Training Institute (Australia
y Nueva Zelanda)

«Este libro expone los fundamentos teóricos y científicos del programa MBCL (Vida compasiva basada en mindfulness) de una manera accesible, compleja y fascinante de leer. Los ejercicios reflexivos (algunos de los cuales han sido adaptados de otros expertos en el campo) se complementan con información de fondo que explica y aclara el enfoque de MBCL. El libro es adecuado tanto para las personas que están realizando un curso de MBCL como para las que ya lo han completado. También es posible seguir el programa al propio ritmo. Las grabaciones de audio de todos los ejercicios pueden descargarse, y los textos de los ejercicios y otros materiales del curso se incluyen en el libro. Cada vez que me sumerjo en este volumen, siento que estoy abriendo un cofre del tesoro. Con este libro tienes un excelente mapa y, con los autores, tres guías maravillosamente competentes y amables.»

LINDA LEHRHAUPT, directora del Instituto de Enfoques Basados
en Mindfulness (IMA) y autora de *Mindfulness-Based Stress
Reduction* (www.institute-for-mindfulness.org/)

«Se trata de un libro decididamente fácil de usar, en el que los autores muestran una gran consideración y respeto por sus lectores, ya sean usuarios o profesionales. El libro es muy pragmático y accesible, con ejemplos vívidos y atractivos, poemas e historias para animar al lector en este viaje que cambia la vida. El programa MBCL que aquí se detalla está estrechamente basado en la práctica de *mindfulness*, con el mismo método experiencial de aprendizaje, y profundiza en este conocimiento hasta el fondo. Disfruté mucho de este libro y estoy segura de que muchos se beneficiarán de él, aprendiendo a hacer del consuelo y de la compasión hacia sí mismos y hacia los demás una parte esencial y fundamental de sus vidas.»

JUDITH SOULSBY, profesora y formadora principal del Centre for Mindfulness Research & Practice, Bangor University (Reino Unido) y profesora y formadora certificada en el Center for Mindful Self-Compassion

Índice

El arco iris de la compasión aparece cuando los rayos del sol de la amabilidad tocan las lágrimas del sufrimiento.

Proverbio tibetano

Prólogo de Mark Williams

Supongo que debía tener unos tres años. Estaba sentado con su madre en un asiento casi delante del mío en un autobús que subía lentamente por Headington Hill debido al tráfico de la hora punta que salía de Oxford. Estaba alternativamente inquieto y tranquilo: a veces enredado en la compra de su madre, a veces sentado en su regazo y mirando por la ventana. Empecé a pensar que este pequeño niño probablemente verá el año 2100. En ese momento tendrá más de ochenta años. Para entonces, sin duda habrá experimentado algo del amor y de la pérdida, y habrá descubierto su ración de fuerza y fragilidad. Y a través de todo ello, especialmente en esos momentos de vulnerabilidad, no solo necesitará personas a su alrededor que sean cariñosas y compasivas, sino que habrá aprendido a ser amable consigo mismo. Era imposible mirar a este niño sin desearle lo mejor en la vida.

Erik van den Brink, Frits Koster y Sylvia Comas empiezan animándonos a cada uno de nosotros a reflexionar sobre nuestras vidas de esta manera: «Incluso si has tenido la suerte de tener un buen comienzo, de ser criado en una familia cariñosa y atenta, en circunstancias relativamente pacíficas y prósperas, tarde o temprano te encontrarás con dificultades, traumas de diverso grado, frustraciones y pérdidas. Aunque te sientas bien en este momento, sabes que algún día envejecerás y morirás, y que acabarás perdiendo todo lo que aprecias. El mundo se caracteriza por su no permanencia, es en gran medida incontrolable y casi imprevisible. [...] Aquí es exactamente donde comienza la compasión. Cuando nos damos cuenta de que el sufrimiento es inevitable, porque vivimos en un cuerpo imperfecto, en un mundo imperfecto, en compañía de muchos otros que son tan imperfectos como nosotros; la compasión no es un lujo, sino una necesidad básica».

«La compasión no es un lujo, sino una necesidad básica.» Esta es la declaración esencial de su maravilloso libro. La compasión es una necesidad fundamental. Sin embargo, tal y como argumentan, hacer de la compasión un valor que guíe nuestras vidas es todo un reto.

¿Por qué? En primer lugar, porque la compasión parece tan obvia y tan importante que imaginamos que *ya* sabemos cómo ser compasivos. Después de todo, ¿no nos han dicho nuestros padres y abuelos, los sacerdotes y nuestros maestros, y cualquier periódico o revista que se preocupe de decirnos lo que es bueno para nosotros, que es importante ser cariñoso, afectuoso y compasivo? ¿No es esto parte de los mandamientos y preceptos de la religión, y fundamental para una filosofía humanista perdurable?

Pero lo más obvio y lo más importante no siempre es simple o sencillo. La compasión puede ser ardua, pero no se puede exigir. No es que se haya exagerado la compasión, sino que se ha abusado de ella. Decirle a la gente que ame a los demás puede cambiar temporalmente su comportamiento, pero es poco probable que este cambio de comportamiento sea sostenible. Necesitamos un enfoque diferente, y este libro nos lleva de la mano y nos conduce suavemente desde la simple idea hasta la experiencia de la compasión.

En segundo lugar, la compasión es un reto porque, aunque la mayoría de nosotros somos conscientes de la necesidad de amar a los demás, pocos sabemos mostrar compasión al ser que llamamos «yo».

¿Por qué? Porque nos hemos encerrado en la idea de que amar este cuerpo y esta mente es solo narcisismo, indignidad y egocentrismo inmerecido, excepto para los débiles. Así que nos esforzamos por superarnos a nosotros mismos, hasta la extenuación. Lo hacemos a pesar de la preocupación de nuestros seres queridos y de los consejos de nuestros mejores amigos. Atrapados en un «impulso» constante, no nos tomamos el tiempo necesario para nutrirnos. Así, como un muelle metálico que se dobla y pierde su elasticidad, nosotros también nos doblamos, perdiendo nuestra capacidad de ver con claridad y de adaptarnos a las necesidades del momento. «Mantenerse a flote» en medio de presiones que podrían alterar nuestra identidad es una cuestión de práctica. Pero ¿qué significa la práctica? Los autores muestran que hay formas concretas de aprender la compasión que han sido perfeccionadas en el transcurso de cientos de años. Se basan en los recientes e innovadores trabajos de Paul Gilbert, Barbara Fredrickson, Kristin Neff y Christopher Germer para desarrollar su propuesta de programa. Los métodos modernos de ensayos clínicos, experimentos de laboratorio y neurociencia han demostrado la eficacia de estas prácticas y su capacidad para cambiar vidas.

Este libro nos guía por el paisaje de nuestra vida cotidiana, ofreciéndonos nuevas perspectivas. Nos invita a leer, reflexionar y practicar. Nos ayuda a explorar, paso a paso, cómo revertir los hábitos de una vida y cultivar una compasión que va en ambas direcciones, hacia fuera, orientada a los demás, y hacia dentro, para reavivar y reconectar con nuestra parte más profunda.

Con un hondo agradecimiento a Erik, Frits y Sylvia por su trabajo, deseo recomendar a los lectores este libro de manera efusiva.

MARK WILLIAMS,
profesor Emérito de Psicología Clínica,
Universidad de Oxford

Agradecimientos

Muchas personas han contribuido de un modo u otro a la gestación de esta obra. Un libro como este se escribe en el espacio de un año, pero es el resultado de los viajes de nuestra vida. Estamos profundamente agradecidos a todos los maestros, mentores y compañeros que hemos conocido en el camino, en nuestra vida personal y profesional. Un agradecimiento especial a:

Las personas que nos han inspirado

En el campo del *mindfulness* o atención plena, expresamos nuestro profundo agradecimiento por el trabajo de Jon Kabat-Zinn, creador de programa MBSR (Mindfulness-Based Stress Reduction), y el de Zindel Segal, Mark Williams y John Teasdale, fundadores del programa MBCT (Mindfulness-Based Cognitive Therapy, Terapia cognitiva basada en atención plena). Gracias a sus potentes programas nos hemos convertido en pioneros en las intervenciones basadas en *mindfulness* en el ámbito de la salud mental en los Países Bajos. Además de apoyarse en su trabajo, el programa MBCL (Mindfulness-Based Compassionate Living, Vida compasiva basada en mindfulness) integra contenidos de la CFT (Compassion-focused therapy, Terapia centrada en la compasión), la ACT (Acceptance and commitment therapy, Terapia de aceptación y compromiso) y la psicología positiva. La orientación compasiva del programa MBCL se ha visto fuertemente apoyada por el trabajo de Paul Gilbert, el fundador de la CFT, y por Tara Brach, Christopher Germer, Kristin Neff y Sharon Salzberg, que han inspirado los temas y ejercicios del programa MBCL. También nos hemos nutrido del trabajo de Barbara Fredrickson, Rick Hanson, Thupten Jinpa, Matthieu Ricard, Martin Seligman, Daniel Siegel y muchos otros. Les estamos muy agradecidos por compartir generosamente sus ideas liberadoras con el mundo.

Las personas con las que hemos trabajado

Damos las gracias especialmente a todos los participantes, pacientes y clientes, profesionales y colegas, cercanos y lejanos, que han participado en el proceso de evolución del programa MBCL, dando su tiempo y energía para asistir a nuestros cursos y seminarios de enseñanza. Les estamos inmensamente agradecidos por la valentía de mostrarse vulnerables y compartir abiertamente sus dificultades en la vida, y por darnos información valiosa y sugerencias para seguir mejorando el programa. Agradecemos a los instructores de *mindfulness* que se unieron a nosotros en la enseñanza del MBCL su valiosa supervisión entre pares, y a los investigadores, su compromiso con el estudio del programa. Sería imposible enumerar todos sus nombres, pero queremos expresar nuestro sincero agradecimiento a todos los que han participado en el programa.

Las personas que nos han ayudado

Agradecemos enormemente el apoyo de Rebecca Crane y el Centre for Mindfulness Research and Practice de Bangor; de Alison

Evans y la Mindfulness Network CiC; y de Linda Lehrhaupt y el Institute for Mindfulness-Based Approaches, por permitirnos enseñar el MBCL en el mundo anglófono y francófono. Muchas gracias a Eluned Gold, Robert Marx, Bridgette O'Neill y Judith Soulsby por facilitar la introducción del MBCL en el Reino Unido. Estamos muy agradecidos a Joanne Forshaw y a todos los demás miembros de Routledge/Taylor & Francis que nos ayudaron a realizar la publicación original en inglés, así como a Mark Williams por su cálido prólogo.

Para esta edición española, nuestro más sincero agradecimiento a la poetisa Rachel Holstead por permitir amablemente que algunos de sus poemas se traduzcan y se incluyan en este libro. Son joyas que añaden un delicado toque artístico al texto (http://www.rachelholstead.net/these-are-not-my-words). A Christian Stocker, por haber hecho lo mismo con los dibujos realizados especialmente para este libro, con la sensibilidad que le caracteriza.

A todo el equipo de Kōan Libros, por la ayuda prestada en la elaboración de esta publicación en español. Y finalmente, a Matthieu Ricard, que aceptó recomendar este libro en sus ediciones francesa y española, por toda la inspiración que nos ofrece a través de su humanismo comprometido e inteligente, perfectamente adaptado al mundo de hoy, una gran lección para todos nosotros.

Erik, Frits y Sylvia

Bienvenida

Deja que tu corazón te guíe. Susurra en voz baja, así que escúchalo con atención.

Anónimo

¿Qué ha hecho que te decidieras por este libro? Tal vez alguien te lo haya recomendado. Tal vez hayas pensado que podrías ser más compasivo contigo mismo o que deberías ser un poco más compasivo con los demás. O tal vez te gustaría encontrar un mayor equilibrio entre el cuidado de los demás y el cuidado de ti mismo. Tal vez sientas la necesidad de afrontar las dificultades de la vida de una forma más sana, o simplemente quieras vivir una vida con sentido. Todas estas son buenas razones para seguir leyendo.

Quizá estés familiarizado con la práctica del *mindfulness* desde hace mucho tiempo; o es posible que la hayas descubierto recientemente. Para refrescar la memoria, si es necesario, he aquí una breve introducción.

El regalo del *mindfulness*

Mindfulness o, en español, atención plena o atención consciente, es algo mucho más fácil de experimentar que de explicar. Por eso, muy a menudo, uno de los primeros ejercicios en un curso de *mindfulness* es examinar y comer una pasa. Tu instructor puede pedirte que imagines que acabas de aterrizar en la Tierra desde un planeta lejano de otra galaxia y que nunca has visto una de estas graciosas cositas marrones y arrugadas. Así que abandonas todas tus ideas sobre las pasas. Observar, tocar, oler y saborear este objeto se convierten, como por arte de magia, en experiencias completamente nuevas para ti. Puede que incluso te sorprendas al descubrir que, aunque pensabas que odiabas las pasas, esta sabe deliciosa, o al menos no tan mal como temías.

Por un momento dejas de lado tus prejuicios y entras en contacto directo con tu experiencia. La atención plena es precisamente eso: observar nuestra experiencia presente a medida que se desarrolla, momento a momento, con una curiosidad amable y una mente abierta y sin prejuicios.

El *mindfulness* puede considerarse un gran amigo para la vida, ya que abre nuestra conciencia a la vida tal y como es. Al despertar nuestros sentidos, somos más conscientes de la belleza natural de las cosas, del canto de los pájaros, del aroma del café recién hecho y del gesto amable de un compañero de viaje.

Eso está muy bien, podrías pensar, si la vida ofrece momentos agradables. Pero ¿qué pasa si la vida te da dolor y miseria? ¿Qué pasa si pierdes el autobús, el lavavajillas se estropea e inunda la cocina o el perro vomita en la alfombra? O peor aún, ¿qué pasa cuando pierdes tu trabajo, tu vida amorosa es un fracaso o te enfrentas a un diagnóstico de cáncer? ¿Por qué querríamos ser más conscientes de estos momentos?

De hecho, cuando podemos ver lo que ocurre en esos momentos y nos entendemos mejor a nosotros mismos, es posible afrontar mejor esas dificultades. La vida en sí misma puede ser ya suficientemente dura, pero nuestras reacciones automáticas a lo que nos sucede aumentan a menudo nuestro sufrimiento. Esto es precisamente lo que la práctica del *mindfulness* puede mitigar e, incluso, prevenir. El entrenamiento de la atención plena nos hace más conscientes de nuestro mundo, tanto externo como interno. Por ejemplo, cuando practicas la exploración del cuerpo, aprendes a ser más consciente de tus sensaciones físicas. Puede que te sorprenda descubrir zonas de tensión o darte cuenta de que la intensidad del dolor puede variar con el tiempo. También puedes darte cuenta de que si te limitas a observar un picor o un ruido molesto, en lugar de combatirlo mecánicamente, te molestará menos y tu estado de ánimo se verá menos afectado. Además, cuando practiques la meditación sentada, te darás cuenta de que puedes profundizar en la observación de los pensamientos y las emociones en lugar de quedar atrapado por ellos.

De este modo podrás descubrir todo un campo oculto de sensaciones, sentimientos y pensamientos que se agitaban bajo la superficie de tu conciencia. Puede que te sorprenda descubrir que, aunque apenas seas consciente de ellos, han estado influyendo en tu comportamiento de muchas maneras poco útiles.

Descubrir y observar las características de estos paisajes que habían permanecido ocultos para ti puede ayudarte a manejar el timón de tu vida con mayor destreza. No es de extrañar que tantos programas de entrenamiento de *mindfulness* y formaciones y recursos *online* para principiantes hayan tenido tanto éxito.

La ola del *mindfulness*

La oleada de la práctica de la atención consciente comenzó a finales de los años 70, cuando Jon Kabat-Zinn desarrolló el Programa de reducción del estrés basado en la atención plena (MBSR, por sus siglas en inglés) en el Centro Médico de la Universidad de Massachusetts.[1] Practicante experimentado en formas tradicionales de meditación y a la vez científico en biología molecular, estaba en una excelente posición para combinar las enseñanzas de Oriente con los descubrimientos científicos de Occidente. Impartió este curso de ocho semanas a pacientes difíciles de tratar médicamente, que sufrían dolor crónico, una capacidad física reducida o que habían recibido un mal pronóstico.

Esta formación ayudó a estos pacientes a sobrellevar mejor su estrés, dolores y malestar, incluso cuando sus enfermedades eran incurables. No es de extrañar que los programas de formación en *mindfulness* se hayan extendido por todo el mundo, para ser impartidos allí donde el estrés está presente. No solo en hospitales y centros asistenciales, sino también en escuelas y distintos entornos de trabajo donde puede contribuir a un mayor bienestar, a un mejor funcionamiento y a la prevención de los riesgos psicosociales relacionados con el estrés y el *burnout* o agotamiento.

A partir del modelo MBSR se han desarrollado otros programas más específicos basados en el *mindfulness*. Se dirigen a personas con problemas concretos, como la Terapia cognitiva basada en la atención plena (MBCT por sus siglas en inglés), para personas que pueden sufrir recaídas depresivas.[2] Puede suponer una gran diferencia ver los propios pensamientos como simples pensamientos y no como verdades inamovibles, sobre todo si son comentarios negativos y juicios duros sobre uno mismo, que parecen tan convincentes cuando se está deprimido. El *mindfulness* no solo conduce a una mayor conciencia, sino que también abre el camino para que podamos ser más indulgentes con nosotros mismos.

El corazón en funcionamiento

Sin el *mindfulness*, los acontecimientos difíciles de tu vida pueden ser muy inquietantes. Puedes sentirte tironeado en todas direcciones, como si estuvieras en una montaña rusa de pesadilla, precipitándote vertiginosamente, sin poder controlar la velocidad o la trayectoria. Tu reflejo es cerrar los ojos y gritar. ¿Hay algo que pueda sostenerte cuando encuentras el valor suficiente dentro de ti para abrir los ojos y buscar conscientemente formas de frenar esta máquina infernal y recuperar el control de los acontecimientos? En el extremo opuesto, ¿qué pasa si sientes que llevas muchos años completamente estancado, que estás atrapado para siempre en una vida aburrida, privado de toda la alegría que alguna vez esperaste? ¿Hay algo que pueda reconfortarte cuando acoges con coraje la experiencia del momento? Afortunadamente, la respuesta es sí.

Este algo es «el corazón» o la compasión. Mientras que la atención plena nos permite abrir nuestros sentidos, y nos da claridad de visión y discernimiento, la compasión nos permite abrir nuestros corazones, como manera de conectar con el sufrimiento que encontramos en nuestro camino, por grande o pequeño que sea. En realidad, la atención plena y la compasión son inseparables. Son como las dos caras de una misma moneda o las dos alas de un pájaro. Cuando los habitantes de este lejano planeta prueban las pasas en la primera sesión del programa de entrenamiento de *mindfulness*, su atención se desviará inevitablemente. Muchos de ellos probablemente se culparán por no prestar suficiente atención. Pero el instructor les recordará que vuelvan a centrar su atención en el fruto. Así se planta una pequeña semilla de compasión. Y al igual que las pequeñas semillas pueden convertirse en enormes árboles, tú también puedes crecer y florecer con la práctica de la compasión. En este libro presentamos varias formas de desarrollarla y nutrirla, y de profundizar, al mismo tiempo, en la práctica de la atención plena.

Los inicios de MBCL

Erik y Frits empezaron a trabajar juntos en 2007, en el Centro de Psiquiatría Integrativa de la ciudad holandesa de Groninga. Erik, que se formó como psiquiatra y psicoterapeuta en Occidente, ha experimentado personalmente los beneficios de la meditación y desde entonces enseña *mindfulness* a pacientes y profesionales. Frits, que fue monje budista y trabajó como enfermero psiquiátrico, aportó su experiencia como profesor de *mindfulness* y meditación. Aprendieron a conocerse bien, organizando y facilitando juntos talleres para muchos grupos de pacientes ambulatorios, así como realizando seminarios de formación de instructores. Sylvia organizó en 2017 la primera formación de instructores que Erik y Frits realizaron en España, y desde entonces ha colaborado con ellos en la difusión del programa MBCL en español.

Lo que Erik y Frits descubrieron trabajando juntos es que los participantes apreciaban mucho el enfoque refrescante y el potencial autocurativo del *mindfulness*. También aprendieron que muchos de ellos tenían dificultades para mantener su práctica y desarrollar una actitud de cuidado y compasión hacia ellos mismos. Recibieron varias peticiones para profundizar en este trabajo, lo que los llevó a desarrollar un curso de continuidad y profundización. Eso dio lugar al programa MBCL (Mindfulness-Based Compassionate Living, o Vida compasiva basada en mindfulness). Los conocimientos de Frits sobre psicología budista, combinados con los de Erik sobre ciencia y psicología occidentales, resultaron fructíferos. Los valiosos comentarios de los pacientes, los instructores de *mindfulness* y los profesionales de la salud que han participado en los cursos han ayudado a perfilar el programa MBCL en su forma actual. Se presenta en un formato de ocho sesiones que pueden realizarse semanal o quincenalmente.

El primer libro sobre este tema se publicó en 2012 en neerlandés y posteriormente se tradujo al alemán, inglés y español.[3] El interés por el programa MBCL está creciendo. Constantemente llegan de todo el mundo solicitudes de conferencias, talleres y seminarios de formación de instructores. Vienen tanto del sector de la salud como de otros. Al mismo tiempo, se ha investigado mucho sobre el entrenamiento de la compasión. Los autores del libro están muy contentos de ver que, en todo el mundo, a la ola de *mindfulness* le sigue muy de cerca la ola de la compasión, en creciente aumento.

Base científica

Actualmente está demostrado que el entrenamiento de la compasión es beneficioso para nuestra salud física y mental. Nos permite desarrollar una relación más sana con nosotros mismos y con los demás. El programa MBCL se basa en una amplia investigación (resumida en nuestro libro anterior),[4] realizada por pioneros en este campo como Paul Gilbert, Kristin Neff y Barbara Fredrickson.

Esta investigación ha demostrado que las personas que puntúan alto en pruebas que evalúan su nivel de autocompasión muestran:

- Mejor gestión de la adversidad;
- Más iniciativa personal y sentido de responsabilidad;
- Menos miedo a equivocarse y a ser rechazadas;
- Más autoestima, comprensión y aceptación de la imperfección;
- Mejor autocuidado mediante el ejercicio físico y la dieta;
- Más inteligencia emocional;
- Más capacidad para la felicidad y el optimismo;
- Relaciones más satisfactorias con los demás.

Se han desarrollado varios programas de formación en compasión, como el programa MSC (*Mindful Self-Compassion*).[5] A diferencia del programa MBCL, este no requiere ningún entrenamiento previo de *mindfulness*. MBCL, en cambio, está diseñado específicamente para personas que ya han recibido una formación de ese tipo. Los primeros estudios sobre MBCL han mostrado resultados prometedores, tanto si se ofrece como entrenamiento en grupo para pacientes ambulatorios con problemas psicológicos mixtos[6] o con depresión recurrente,[7] como si se realiza en formato *online* para personas con un nivel alto de autocrítica.[8] Hasta la fecha se han publicado tres ensayos controlados aleatorios (ECA). Investigadores de la Universidad Radboud de Nimega, en los Países Bajos, probaron el programa en un ECA con pacientes que sufrían depresión recurrente.[9,10] Los pacientes incluidos ya habían participado en un ensayo de tipo MBCT. Tras seguir el programa MBCL mostraron un aumento significativo de los niveles de atención plena, compasión y calidad de vida, así como una disminución de los síntomas depresivos. En el seguimiento a los seis meses, los resultados se mantuvieron e incluso mejoraron. Un ECA realizado en Suiza[11] sobre una adaptación *online* del programa MBCL como herramienta de autoayuda mostró una disminución significativa de los síntomas de depresión, ansiedad y angustia, así como de la autocrítica, la vergüenza existencial y el miedo a la compasión. Se pudo observar un aumento significativo de la autocompasión, la atención, la autoestima y la alegría de vivir. Estos resultados se mantuvieron tras seis meses de seguimiento. Un equipo de Eslovaquia[12] llevó a cabo un ECA sobre una versión abreviada *online* del MBCL, con unas prácticas diarias extraídas del programa, durante 15 días consecutivos. Los resultados mostraron una disminución significativa del nivel de autocrítica y un aumento significativo del nivel de autocompasión, que persistieron en el seguimiento.

¿Es el MBCL un programa para ti?

Sentirse estresado y ser duro con uno mismo es un rasgo común de muchas personas, y no solo se encuentra en entornos psiquiátricos, donde se desarrolló originalmente el programa MBCL. Por ello, este curso ha sido ampliamente difundido y muy apreciado por pacientes y profesionales de diferentes ámbitos, no solo el sanitario, sino también el educativo, el del *coaching*, el de la orientación espiritual y el de la gestión empresarial y del trabajo.

Si te resulta difícil afrontar y gestionar los numerosos retos, amenazas y distracciones del mundo moderno, no estás solo. Muchas personas sufren problemas de salud relacionados con el estrés, la depresión, la ansiedad, el agotamiento y el *burnout*, y descuidan sus valores y necesidades más profundas. El programa MBCL puede beneficiarte si está buscando:

- Formas de afrontar de manera más adecuada las inevitables tensiones de la vida;
- Un equilibrio más saludable entre el cuidado de los demás y el cuidado de ti mismo;
- Desarrollar formas sostenibles de cultivar más amabilidad, alegría, salud y armonía en tu vida personal y profesional, en tus relaciones con los demás y, en general, con el mundo;
- Prácticas científicamente probadas, válidas para personas con todo tipo de perfiles.

Si te reconoces en las inquietudes que acabamos de señalar y estás familiarizado con la práctica de la meditación (si has seguido un curso MBSR, MBCT o cualquier otro programa apoyado en el *mindfulness*), entonces tienes la base sobre la que el programa MBCL se apoyará para profundizar en tu práctica. Las preguntas que siguen te invitan a reflexionar sobre tus intenciones y motivaciones más profundas para decidir si deseas seguir el programa MBCL o trabajar de forma independiente con la ayuda de este libro.

HOJA DE TRABAJO N.º1

¿Qué esperas conseguir con esta formación en cuanto a tu capacidad de:
–Relacionarte contigo mismo;
–Relacionarte con otros (familia, amigos, vecinos, colegas);
–Actuar en otros ámbitos de tu vida que son importantes para ti, como la educación y el trabajo, la salud y el estilo de vida, las actividades sociales y la naturaleza, la espiritualidad;
–Trabajar para conseguir objetivos importantes en tu vida, tanto a corto como a largo plazo;
–Enfrentarte a los retos del futuro?

Cómo utilizar este libro

Si este libro te ha sido recomendado como parte de una formación en grupo, puedes seguir los consejos del instructor. Los ocho capítulos corresponden a las ocho sesiones o clases del programa MBCL. Si estás utilizando este libro como guía por iniciativa propia, para un trabajo individual, te sugerimos que te tomes el tiempo necesario para explorar los ejercicios y temas de cada capítulo, en lugar de leerlo de principio a fin.

Solemos pedir a los participantes que dediquen entre 45 y 60 minutos a practicar en casa; esto se hace a diario. Siéntete libre de dedicar una o dos semanas a cada capítulo, dependiendo del tiempo que tengas disponible para practicar. Al final de cada capítulo encontrarás un resumen de los principales temas de la sesión, así como un resumen de las sugerencias de prácticas. Los ejercicios se ofrecen en forma de recuadros en este libro. Hay complementos de audio a lo largo de la lectura y de los ejercicios. Están numerados y marcados con un icono en el texto. También se pueden descargar las hojas de trabajo numeradas y marcadas para ayudarte a hacer un seguimiento de tu progreso (más información en la pág. 39). La mayoría de las preguntas de las hojas de trabajo se encuentran también en los cuadros grises de este libro.

En este libro distinguimos entre la práctica formal y la informal. Si ya estás practicando *mindfulness*, es posible que hayas organizado tu espacio privado para poder realizar tu práctica formal sin ser molestado. Al igual que el *mindfulness*, la práctica informal del programa MBCL se integra en la vida cotidiana. La mayoría de las veces, ni siquiera necesitas interrumpir tus actividades para hacerlo. Como en cualquier práctica de atención consciente, puedes tener experiencias agradables o desagradables. A veces puedes sentirte tranquilo, alegre o profundamente conmovido; otras veces puedes sentirte frustrado, triste o aburrido. Recuerda que no existe una experiencia «mala» y que solo tienes que permanecer plenamente presente ante todo lo que surja como parte de la práctica. Si notas que el ritmo es demasiado rápido, que las cosas van demasiado deprisa, sé amable contigo mismo y baja el ritmo. Tómate tu tiempo para evaluar lo que el ejercicio despierta en ti. Siempre tienes la posibilidad de volver a las prácticas básicas que ya conoces, como el escaneo del cuerpo, la meditación sentada y el movimiento consciente. Recuerda que en todo momento tienes la opción de hacer o no hacer un ejercicio. No se trata de «deberes», sino de «sugerencias de práctica». Dependiendo de lo útiles que te resulten, puedes practicar unos ejercicios más que otros. Ser amable en tus elecciones es una parte importante del desarrollo de la compasión.

Si actualmente padeces algún trastorno emocional o problemas de salud mental que te resultan difíciles de gestionar, te recomendamos que busques asesoramiento especializado. Es importante saber que el programa MBCL no sustituye a una terapia. Si actualmente estás en tratamiento, te aconsejamos que se lo comuniques al instructor, para que tengas el apoyo necesario para participar. El programa MBCL no promete curas milagrosas, sino que anima a las personas a responsabilizarse de sí mismas y a convertirse en sus propios terapeutas. Por lo tanto, debes estar preparado para confiar en tu propia experiencia para determinar lo que te ayuda y lo que no te ayuda a enfrentarte a las dificultades de la vida.

¿Estás preparado para continuar el camino de la atención plena y a profundizarlo con la práctica de la compasión? Si la respuesta es afirmativa, te invitamos cordialmente a unirte a nosotros y esperamos que este libro te lleve un poco más lejos en el camino. Que contribuya a un mayor bienestar, felicidad y sabiduría en tu vida.

Recursos digitales

A lo largo del libro encontrarás numerosos complementos para acompañar tu lectura: prácticas en audio y hojas de trabajo para completar los ejercicios y anotar tus reflexiones sobre la práctica. Estos complementos están numerados y puedes descargarlos escaneando el siguiente código QR:

Prácticas en audio

1. Espacio de respiración con amabilidad, p. 45
2. Un lugar seguro, p. 64
3. Meditación de la amabilidad: tú mismo, p. 66
4. Abordar la resistencia con compasión, p. 79
5. Espacio de respiración con compasión, p. 87
6. Un compañero compasivo, p. 103
7. Meditación de la amabilidad: un benefactor, p. 106
8. Abordar el deseo con compasión, p. 112
9. Abordar los patrones internos con compasión, p. 130
10. Meditación de la amabilidad: una persona querida, p. 136
11. Encarnar la compasión, p. 144
12. Meditación de la amabilidad: una persona neutra, p. 154

Hojas de trabajo

Puedes acceder a las hojas de trabajo a través del código QR a medida que lees cada capítulo.

Para tu comodidad, también las hemos reunido en un pequeño cuaderno de trabajo.

1
Diseñados para sobrevivir más que para prosperar

Sesión 1. Nuestra evolución como especie. Los sistemas de amenaza, impulso y sosiego

La vida es sencilla, pero no es fácil.

Anónimo

Ser humano es un reto

Ser humano es un gran misterio. Es como si un día nos despertáramos y nos viéramos arrojados a esta vida, y nos diéramos cuenta de que somos seres humanos. Para empezar, no elegimos estar aquí. Tampoco elegimos las circunstancias con las que nos enfrentamos continuamente. No hemos elegido de dónde venimos ni cómo la evolución nos ha ido modelando. Somos «obras» en proceso, en evolución constante, que tratamos de adaptarnos a los retos siempre cambiantes de la vida, sin saber hacia dónde vamos. Incluso si has tenido la suerte de empezar bien la vida, de haberte criado en una familia afectuosa y atenta, en condiciones relativamente pacíficas y prósperas, tarde o temprano te encontrarás con dificultades, traumas de distinto grado, frustraciones

41

y pérdidas. Aunque te sientas bien en este momento, sabes que algún día envejecerás y morirás, y que acabarás perdiendo todo lo que aprecias. El mundo se caracteriza por su no permanencia, es en gran medida incontrolable y casi imprevisible.

Puede que esto no suene muy alegre, pero ten paciencia. Aquí es exactamente donde comienza la compasión. Cuando nos damos cuenta de que el sufrimiento es inevitable, porque vivimos en un cuerpo imperfecto, en un mundo imperfecto, en compañía de muchos otros que son tan imperfectos como nosotros; la compasión no es un lujo, sino una necesidad básica.

La compasión no es para los pusilánimes

Entonces, ¿por qué es tan difícil ser compasivo? Para averiguarlo, considera por un momento la siguiente pregunta: ¿por qué *no* querrías practicar la compasión hacia ti mismo?

Cuando se lo preguntamos a los participantes durante una sesión de formación, estas suelen ser algunas de sus respuestas:

- Tendré que invertir tiempo y energía en algo que tal vez no sirva de nada.
- Esto podría traer de vuelta el dolor y la tristeza.
- No me lo merezco.
- Podría volverme egoísta o perezoso.
- Hay muchas otras personas en el mundo que la merecen más que yo.
- Me educaron para no quejarme. No quiero convertirme en una persona débil.
- ¿Qué diablos pensarían mis compañeros del fútbol de mí?

También puede haber argumentos para no practicar la compasión hacia los demás, como, por ejemplo:

- Estoy demasiado agotado como para atender las necesidades de los demás.
- Hay mucho sufrimiento en el mundo. Me hace sentir muy impotente.
- ¿Por qué debería sentir compasión por los que me han hecho daño?
- ¿Cómo se puede se compasivo con dictadores y terroristas?

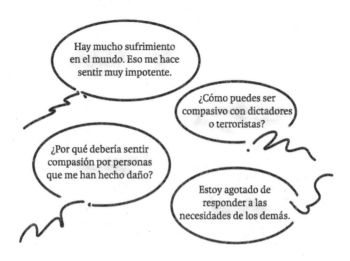

Hay mucho sufrimiento en el mundo. Eso me hace sentir muy impotente.

¿Cómo puedes ser compasivo con dictadores o terroristas?

¿Por qué debería sentir compasión por personas que me han hecho daño?

Estoy agotado de responder a las necesidades de los demás.

Nos gusta que los participantes hablen abiertamente de estas ideas y prejuicios hacia la compasión, ya que están muy extendidos y son totalmente comprensibles. Sin embargo, no vamos a debatirlos aquí, ya que es probable que la claridad sobre estas cuestiones provenga de tu propia experiencia con las prácticas propuestas en este curso más que de discutir sobre ellas. Sin embargo, puede ser útil dar una definición concisa de la compasión. Paul Gilbert,[1] que lleva varias décadas investigándola, la define así:

1. Una sensibilidad al sufrimiento en uno mismo y en los demás (¡esto va en ambos sentidos!) y
2. Un compromiso para intentar aliviarlo y prevenirlo.

Así que la compasión no es definitivamente para los débiles de corazón. Tiene, por supuesto, un lado tierno y receptivo, pero también un lado activo y poderoso. Evidentemente, para afrontar nuestro sufrimiento y enfrentarnos a él de la mejor manera posible hace falta valor. Por otra parte, no se trata de sumergirse en aguas profundas sin saber nadar. La compasión también requiere sabiduría y paciencia. Por supuesto, no queremos que te sientas presionado para que te vuelvas compasivo, ni hacia ti mismo ni hacia los demás. Haz solo los ejercicios para los que te sientas preparado y observa atentamente lo que ocurre al realizarlos.

Te tranquilizará saber que cada vez hay más pruebas científicas de que la compasión no solo alivia el sufrimiento, sino que también contribuye a la felicidad, y que, al igual que la atención plena, se puede cultivar la compasión con la práctica.[2] Así que nos gustaría empezar con una práctica corta que puedes realizar en cualquier momento del día, cuando surja la oportunidad de hacer una pausa. Se basa en la combinación de dos ejercicios: el «Espacio de respiración de tres minutos», tal y como se practica en el programa MBCT,[3] y el «Ritmo de respiración calmante», que es un ejercicio básico de la Terapia Centrada en la Compasión (CFT).[4] Consta de tres pasos. Cada uno de ellos, por supuesto, puede durar un poco más o menos de un minuto.

Espacio de respiración con amabilidad

EJERCICIO AUDIO N.º1

---

1. Conciencia abierta y amable

Colócate en una posición cómoda, ya sea sentado, tumbado o de pie, observando cuidadosamente la experiencia del momento presente: pensamientos, emociones, sensaciones físicas o sonidos, identificando con amabilidad todo lo que surge, tanto lo agradable como lo desagradable, y acogiendo todas las experiencias tal y como surgen.

---

2. Concéntrate en la respiración, permitiendo que se establezca un ritmo calmante

Deja que tu atención descanse en la respiración, siguiendo cada inhalación y exhalación de forma relajada. Deja que surja un ritmo respiratorio tranquilo y relajante, ralentizando suavemente el movimiento de la respiración para que sea más profunda. Deja que la exhalación llegue hasta el final, hasta que el flujo de aire se invierta espontáneamente. Deja que el cuerpo se llene con la siguiente inhalación, hasta que comience de nuevo la exhalación, con toda naturalidad. Un ritmo respiratorio calmado puede apoyarse en la conciencia del suelo que nos sostiene, permitiendo que los músculos del cuerpo y la cara se relajen, que el pecho y el corazón se abran como una flor a la luz; y que el abdomen vaya y venga libremente, sin restricciones. Si lo deseas, puedes colocar suavemente una o ambas manos sobre tu cuerpo. Cuando la respiración ha encontrado un ritmo tranquilo y relajante, puedes simplemente dejar que siga su ritmo natural, sin más intervención.

No te juzgues cuando te des cuenta de que tu mente se ha desviado. Esto es lo que la mente hace normalmente. En cuanto te das cuenta de esto, la conciencia plena ya está de vuelta. Solo hay que fijarse en lo que está ocurriendo ahora mismo. Vuelve a centrar tu atención en la respiración, dejando que el ritmo tranquilizador se restablezca cada vez que lo hayas perdido.

3. La conciencia de todo el cuerpo y el regalo de un deseo amable

Luego extiende la conciencia a todo el cuerpo, este cuerpo sentado, tumbado o de pie aquí, y que respira. Conéctate contigo mismo y observa qué respuesta te viene a la mente cuando te haces la pregunta: «¿Qué podría desearme que fuese realmente amable y bueno para mí en este momento?». Puede ser, por ejemplo, «que me sienta seguro» o «que me sienta sano, feliz, a gusto». Escoge palabras que vengan del corazón, y que resuenen en el corazón. Si quieres, puedes dejar que este deseo fluya a través de ti al ritmo de la respiración. Por ejemplo: «Que yo pueda» u «ojalá pueda...» al inhalar, y «sentirme seguro» al exhalar. Repite la frase completa, o solo una o dos palabras clave, y observa atentamente lo que surge al permitir que este deseo amable fluya a través de ti.

El regalo que te haces a ti mismo con este deseo puede ir acompañado de una sonrisa, como harías si tuvieras que hacer un regalo a otra persona. Y la sensación de contacto de una o dos manos en el corazón puede acompañar la recepción de tal regalo. Cualquier cosa que se experimente como agradable o desagradable es bienvenida como parte de la práctica. Puedes continuar o terminar esta práctica como quieras, y volver a ella cuando te parezca oportuno.

El cerebro humano y sus fallos

El cerebro humano cambia con la experiencia como ningún otro órgano, lo que nos permite aprender y adaptarnos a los constantes cambios de la vida. Los especialistas de la evolución consideran que el cerebro humano es un órgano de supervivencia complejo, con propiedades que se remontan a tiempos prehistóricos muy anteriores a la existencia de la especie humana. La evolución es un proceso tan lento que nuestros cuerpos y cerebros siempre están atrasados en su capacidad de captar nuevas circunstancias y situaciones. No estamos diseñados, por ejemplo, para comer comida rápida, sentarnos durante horas frente a la pantalla del ordenador o recibir mensajes de nuestros teléfonos inteligentes las veinticuatro horas del día, los siete días de la semana. Sin embargo, esto es lo que muchos de nosotros hacemos cada día. El diseño de nuestros cerebros y cuerpos tomó forma cuando aún vivíamos en cuevas, como cazadores-recolectores, e intentábamos protegernos de los depredadores. Aunque hoy en día vivimos más tiempo, no somos necesariamente más felices o más sanos. Hay una gran brecha entre nuestra naturaleza y nuestra cultura, entre el diseño de nuestro cerebro y cuerpo, y nuestros estilos de vida modernos en un mundo que cambia rápidamente.

Se acepta que el cerebro humano ha evolucionado como un órgano de múltiples capas.[5] La figura 1.1 muestra las principales capas:

- El *cerebro reptiliano* o *tronco cerebral* es la parte más antigua, con una antigüedad estimada en 500 millones de años, que permite reacciones automáticas básicas, esenciales para la supervivencia, como huir de una amenaza, cazar presas, digerir alimentos y la reproducción.
- El *cerebro antiguo mamífero* o *cerebro emocional* evolucionó en los mamíferos hace unos 200 millones de años, cuando la vida en grupo se convirtió en un factor crucial para la supervivencia. Es la sede de procesos emocionales importantes para la creación de vínculos sociales, basados en nociones de rango y estatus en el grupo, así como en los cuidados recibidos o prestados.
- El *cerebro nuevo de los mamíferos* o, simplemente, el *nuevo cerebro* o *neocórtex*, es el más reciente y el más susceptible de cambio. Se desarrolló hace «solo» 2 millones de años, cuando nuestros antepasados «se volvieron inteligentes» y se adaptaron a organizaciones sociales cada vez más complejas. Es el cerebro que permite la imaginación, el razonamiento y el lenguaje, la memoria y la proyección / planificación, la preocupación y la fantasía, el arte y la ciencia.

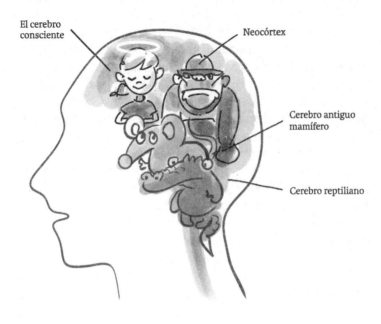

El cerebro
consciente

Neocórtex

Cerebro antiguo
mamífero

Cerebro reptiliano

Figura 1.1 La evolución del cerebro

El cerebro reptiliano y el cerebro emocional se consideran una sola entidad llamada *cerebro límbico* o *cerebro antiguo*. El cerebro antiguo reacciona rápidamente a la información de los órganos sensoriales. Estas reacciones son esencialmente instintivas y automáticas, guiadas por lo que se percibe como agradable o desagradable, y siguen vías neuronales rápidas, denominadas *camino corto* o *ruta baja*. En cambio, el neocórtex es más lento. Analiza la información sensorial y la respuesta emocional mediante un proceso de reflexión y razonamiento que lleva tiempo. Por ello, este proceso se denomina *camino largo* o *ruta alta*. Para complicar aún más las cosas, la actividad del neocórtex puede desencadenar las reacciones del cerebro límbico, y *viceversa*. Por ejemplo, nuestro cerebro nuevo nos permite hacer de un pequeño error en el trabajo una catástrofe, lo que pone en alerta al cerebro emocional y nos hace estar irritables con nuestros seres queridos en casa. Este tráfico neuronal regular entre el cerebro nuevo y el antiguo puede generar espirales o bucles que conduzcan a patrones y hábitos saludables o, al contrario, nocivos. Por desgracia, los hábitos tóxicos agravan el inevitable sufrimiento que experimentamos los seres humanos.

Este modelo simplificado ha quedado actualmente obsoleto, pero ilustra nuestra gran complejidad, con un cerebro que es producto de millones de años de evolución y que puede hacernos reaccionar de muchas maneras diferentes. Este cerebro nos ofrece posibilidades sin precedentes, pero no siempre funciona de la manera más adecuada.

La caja de Pandora

Puede que conozcas la historia que en la Grecia antigua se contaba sobre Pandora.[6] Zeus, el rey de los dioses, estaba furioso con los hombres porque Prometeo le había robado el secreto del fuego para entregárselos a ellos. En venganza, envió a Pandora a la Tierra con un frasco —una caja, en versiones posteriores— que contenía todo lo terrible que se pueda imaginar. Ella no sabía lo que había en el frasco y se le indicó que no lo abriera bajo ninguna circunstancia. Pero Pandora era muy curiosa, así que puedes adivinar lo que pasó después. De forma bastante imprudente, abrió el frasco y, antes de que pudiera cerrarlo, todos los males que contenía se escaparon, extendiéndose como una plaga sobre toda la humanidad.

Después de todo lo que ya se ha dicho sobre el antiguo y el nuevo cerebro, empiezas a entender por qué a veces podemos ser muy impulsivos y emocionales, y también, extremadamente racionales. Ambos son importantes, pero pueden influirse mutuamente de forma imprevisible, y eso hace que el cerebro humano pueda ser tan sorprendente como la caja de Pandora. Si estás cruzando la calle y de repente un coche se te echa encima, la reacción de tu cerebro antiguo que te hace saltar a un lado para apartarte puede salvarte la vida. Esperar una respuesta inteligente pero lenta de tu neocórtex habría sido fatal. Sin embargo, seguir ciegamente las reacciones de tu cerebro antiguo puede llevar al desastre en otras situaciones. Si lanzas impulsivamente insultos a tu empleador y das un portazo en el trabajo, corres el riesgo de arruinar una relación que te ha costado años construir. Tomarte un descanso para utilizar el pensamiento que tu cerebro nuevo ha desarrollado puede salvarte del despido.

Las funciones del cerebro nuevo pueden fácilmente ser sometidas a los procesos del cerebro antiguo. Solo hay que ver todos los problemas de este mundo, donde gobernantes despóticos abandonan el control de su cerebro nuevo a motivaciones primitivas de su cerebro antiguo.

A la inversa, la actividad del neocórtex puede desencadenar respuestas tóxicas en el cerebro límbico. Un conejo que cede una zanahoria a otro conejo, más grande y agresivo, no se culpará de su fracaso y no se pondrá enfermo preguntándose si volverá a tener otra zanahoria en algún momento. Los humanos, en cambio, podemos culparnos hasta llegar a la depresión, el catastrofismo, el pánico y la desesperación. Por supuesto, nuestro neocórtex puede ser una bendición. Nos permite resolver problemas complejos y utilizar la ciencia y el arte para aportar más felicidad y armonía al mundo. Pero también puede ser una maldición, que nos haga infelices por el simple hecho de pensar en lo que no funcionó, en lo que no funciona o lo que podría no funcionar. Lo que construimos mentalmente con ayuda de nuestro neocórtex puede ser tan poderoso que somos capaces de hacer de nuestra vida un cielo o un infierno en este mundo.

El solo hecho de saber que *el diseño de nuestro cerebro no es obra nuestra, y por tanto no es culpa nuestra*, puede ser un buen punto de partida para mostrar compasión hacia nosotros mismos. Probablemente no te culpes de tus defectos físicos, como tener mala vista, lunares o predisposición a la lumbalgia. Entonces, ¿por qué culparte por tener un cerebro complicado?

Discernimiento: el hada buena

Puede que el diseño de nuestro cerebro no sea culpa nuestra, pero es nuestra responsabilidad gestionarlo de forma inteligente. En la versión infantil del cuento de Pandora el detalle alentador es que esta cierra la caja justo a tiempo para retener al hada buena, que recibe el nombre de Esperanza. Esto también puede verse como una metáfora del discernimiento o la perspicacia (*insight*). El discernimiento proviene de la observación y la comprensión de nuestro funcionamiento interno. Aunque hay todo tipo de bucles desafortunados en las interacciones entre el cerebro nuevo y el antiguo, al menos podemos empezar a vislumbrarlos.

El discernimiento es posible gracias a las partes más nuevas de nuestro cerebro, aproximadamente el área frontal medial, que ha sido bautizada como el cerebro consciente o *mindful brain*.[7] Se estima que esta parte del cerebro se desarrolló hace «solamente» 10.000 años. Es como el hada buena del cuento de Pandora, porque cuando utilizamos nuestro cerebro consciente para observar nuestros pensamientos, emociones y sensaciones físicas, nos volvemos menos susceptibles de ser gobernados por nuestros «males» y más capaces de responder a los desafíos de la vida de forma sensata.

Tenemos en nosotros, como ningún otro animal en este planeta, la capacidad tanto de ser singularmente crueles como infinitamente compasivos. Al cultivar nuestra capacidad de observar nuestro funcionamiento interno con una mente abierta y amable, podemos convertirnos progresivamente en seres humanos plenamente conscientes y compasivos.

Los tres sistemas de regulación emocional

Veamos ahora de manera más detallada los procesos de regulación emocional de nuestro cerebro límbico o antiguo. Desde el punto de vista de la psicología evolutiva, las emociones actúan como mensajeros que tienen en cuenta nuestros mejores intereses. Nos animan a sobrevivir y a vivir lo más cómodamente posible, incluso cuando son desagradables. Las emociones más primitivas gritan con fuerza cuando hay peligro o necesidad de satisfacer nuestras necesidades más básicas. Cuando nuestra supervivencia inmediata está asegurada, podemos entonces oír el susurro más sutil de los mensajeros «más jóvenes» (o más recientes), que nos informan y dirigen hacia un bienestar y una armonía más sostenibles. Basándonos en el trabajo de Paul Gilbert, vamos a presentar un modelo de tres sistemas básicos de regulación y motivación emocional.[8] Con un poco de práctica, podrás reconocer sus diferentes cualidades en tu propia vida. Para entender el concepto, puede ser útil utilizar el ejemplo de un gato (figura 1.2).

Estos tres sistemas son muy útiles para entender nuestro propio comportamiento; nos ayudan a reconocer al animal dotado de un cerebro arcaico que hay en nosotros. Así pues, los analizaremos con más detalle más adelante. Encontrarás también un modelo más esquemático en la figura 1.3.

El gato

Los tres sistemas básicos de regulación emocional pueden observarse fácilmente en un gato. Cuando el gato se siente seguro, se tumba en el suelo en el jardín y disfruta del sol. Si no hay nada en particular que hacer, su atención va a la deriva, sin centrarse en nada en particular. Puede ronronear cuando se le acaricia, jugar con un gatito o dormitar. Está en su **sistema de sosiego** y descansa. Si un perro le ladra, el gato se levanta de golpe, con el lomo arqueado y la cola erizada, escupiéndole al intruso. Su **sistema de amenaza** se ha activado instantáneamente. Su cuerpo está totalmente tenso y su atención está fuertemente centrada en el objeto de su aversión, en este caso, el perro agresivo. El gato puede intentar arañar al perro o huir, dependiendo del tamaño del perro. Cuando se siente seguro otra vez, no tarda en volver a su sistema de sosiego.

Los humanos, en cambio, necesitamos mucho más tiempo para volver a nuestro sistema de sosiego o calma, ya que es muy fácil que empecemos a imaginar lo que nos podría haber pasado, y lo que aún podría pasar si el perro volviera. Al gato, en cambio, no le preocupa esto. Vuelve a relajarse y, si no se duerme, al menos disfrutará, sin dejar de estar atento a su entorno.

Si el gato tiene hambre y ve un ratón, vuelve a estar alerta y todos sus músculos se tensan. Aquí reconocemos la energía del **sistema de impulso**, que es diferente del sistema de amenaza. El gato se siente atraído por el objeto de su deseo y su atención se centra en su objetivo: atrapar al ratón. Si tiene éxito, llenará su estómago. No le molestarán preocupaciones específicamente humanas como querer obtener más de lo que realmente necesita. Rápida, y felizmente, se dejará llevar de nuevo hacia su sistema de sosiego.

Sistema de amenaza

Sistema de impulso

Sistema de sosiego

Figura 1.2

El sistema de amenaza

Para sobrevivir, primero tenemos que protegernos del peligro. Por lo tanto, este sistema es el más esencial. Cuando se activa, nuestra atención se centra en *lo que no queremos*, es decir, en lo que nos amenaza. El miedo, la aversión y la agresividad son emociones que experimentamos como desagradables, que nos alarman y nos empujan, sin demora, a buscar seguridad. Hay diferentes reacciones a la amenaza. Si sentimos que nuestro enemigo puede ser derrotado, o si estamos acorralados y no tenemos otra opción, *luchamos*. Si nuestro enemigo parece demasiado fuerte, nuestra reacción es *huir*. Nuestro enemigo también puede no vernos si nos congelamos, o puede pensar que estamos muertos si nos desmayamos. En la actualidad, los especialistas en traumas también distinguen otros dos tipos de reacción que se derivan del sistema de amenaza.[9] Cuando no se puede escapar de un peligro externo, puede haber una reacción de *sumisión*, como el perro que se tumba de espaldas cuando su oponente es demasiado fuerte. La otra reacción posible es la *disociación*, una forma de desconectar nuestra conciencia, para protegernos de un dolor interior demasiado intenso.

El sistema de impulso

Este sistema está orientado a conseguir lo que necesitamos para sobrevivir. Nuestra atención se centra en *lo que queremos*. Perseguimos recompensas como la comida, las parejas sexuales, el placer, el éxito, el poder o las posesiones. El objeto de nuestros deseos puede ser material o inmaterial. Las emociones como la excitación, el deseo, el placer y la satisfacción son eminentemente placenteras, pero no duran mucho. Nos esforzamos, competimos, conseguimos, consumimos. Cuando no conseguimos lo que queremos, nos frustramos fácilmente, y envidiamos a los que han tenido más éxito que nosotros.

El sistema de sosiego

Este sistema promueve el apaciguamiento y la vinculación social y puede entrar en juego cuando los peligros han pasado y las necesidades están cubiertas. Si no hay deseos o no hay deseos inmediatos, nuestra conciencia se vuelve espaciosa. El estado emocional de calma, satisfacción, seguridad y conexión es una sensación placentera de naturaleza más tranquilizadora y duradera que las emociones agradables del sistema de impulso.[10] Nuestro comportamiento es amable, cariñoso y juguetón. Paul Gilbert utiliza aquí deliberadamente el término *safeness* (ausencia de peligro) para indicar seguridad, confianza, quietud y tranquilidad, que es un estado muy diferente al de *safety* (protección o prevención de peligro), que en español traducimos también por seguridad o protección y que es lo que se busca en el sistema de amenaza. Un refugio antiaéreo ofrece seguridad física, mientras que un hogar cálido y confortable ofrece además una sensación de tranquilidad emocional.

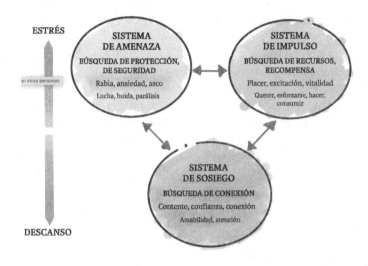

Figura 1.3 Los tres sistemas en equilibrio[11]

El estrés de la amenaza y el impulso (Deseo, motivación)

Siempre que estamos en el sistema de amenaza o de impulso, nuestro nivel de estrés suele ser alto. Nuestro sistema nervioso y las hormonas del estrés crean un estado de excitación, que despierta nuestra atención hacia lo que queremos evitar o conseguir. La respiración y el ritmo cardíaco aumentan, la presión arterial se eleva. Los músculos se tensan y reciben más sangre, mientras que los sistemas digestivo e inmunológico se vuelven menos activos y están menos irrigados, porque son menos esenciales para la supervivencia inmediata. Estos sistemas de amenaza y de impulso consumen mucha energía; normalmente están diseñados para breves estallidos de actividad intensa, necesarios para escapar de una amenaza o encontrar comida. Por lo tanto, pueden conducir al agotamiento si permanecemos en ellos demasiado tiempo. Durante el entrenamiento de *mindfulness* aprendemos lo que es el «modo hacer», cuya energía puede provenir del sistema de amenaza o del sistema de impulso. Piensa en un granjero que intenta hacer trabajar a su burro. Tanto el castigo como la recompensa son métodos válidos para ello. Puede conseguir que el burro se mueva amenazándolo por detrás con un palo o tentándolo al agitar una zanahoria delante de él. La zanahoria puede ser más eficaz, pero permanecer demasiado tiempo tanto en el sistema de amenaza como en el de impulso puede producir estrés y frustración en el animal. Si pudiera elegir, el burro preferiría pastar tranquilamente en el prado con otros burros, en el modo relajado del sistema de sosiego.

Descansar y digerir

Los animales saben naturalmente lo que necesitan para mantener un equilibrio saludable. Siempre que tienen la oportunidad, gravitan hacia el sistema de sosiego. Así, el ritmo de la respiración y el ritmo cardíaco se ralentizan, la presión arterial desciende y los músculos se relajan, lo que permite que los sistemas digestivo e inmunitario entren en acción. Este estado de relajación favorece la recuperación, la alimentación y el crecimiento. Se llama *reposo y digestión* (en contraposición a *luchar o huir*, o *fight or flight*). Los reptiles tienen muchas crías, por lo que no necesitan ser prosociales. No es el caso de los mamíferos, que tienen un número limitado de crías, y cuya supervivencia depende, por tanto, de que se cuiden entre ellos, especialmente a los individuos jóvenes, que son los más vulnerables. Así, el vínculo social y el apego se han vuelto cruciales en la vida de los mamíferos, y se ha desarrollado el estado de reposo y digestión, que aporta la emoción reconfortante de sentirse calmado y conectado. En esta evolución han participado ramas recientes del nervio vago o parasimpático.[12] Este nervio representa el lado calmante de nuestro sistema nervioso. Está conectado con el cerebro límbico o emocional a través de muchos órganos, especialmente el corazón. La sensación de calma que proporciona se ve reforzada por la secreción cerebral de sustancias opioides (endorfinas), así como de la hormona conocida como «hormona del amor», la oxitocina, que nos da esa sensación de calor en el pecho cuando nos sentimos socialmente conectados con los demás.[13]

Así, los sistemas de regulación emocional son una importante fuente de motivación para evitar lo que nos perjudica y buscar lo que nos nutre. Si no tuviéramos un sistema de respuesta a las amenazas, muy rápidamente nos atropellaría un coche. Sin un sistema de impulso, nos moriríamos de hambre. Sin un sistema de sosiego, nos agotaríamos en aislamiento. Cada sistema, a su manera, contribuye a nuestra supervivencia. Sin embargo, los humanos son seres complejos que no siempre consiguen alcanzar un equilibrio saludable entre estos tres sistemas, como sugiere la figura 1.3.

En el siguiente ejercicio te invitamos a reflexionar sobre ello.

Considerar los tres sistemas en tu vida

Considera cómo se han desarrollado los tres sistemas de regulación emocional en tu propia vida.

En una hoja de papel, dibuja tres círculos que representen los sistemas de amenaza, impulso y sosiego, utilizando la figura 1.2 como guía. Sin embargo, ajusta el tamaño de los círculos de manera que el más grande represente el sistema más prominente en tu vida, y el más pequeño, el menos prominente.

¿Cómo vas a decidir el tamaño del círculo más grande? Pues reflexionando sobre la suma de activación (voluntaria o involuntaria) de cada sistema en tu vida pasada y presente. Piensa en las siguientes preguntas. Pueden ser difíciles de responder. Simplemente anota con amabilidad lo que se te ocurra, sin insistir demasiado, aunque lo que surja sea doloroso. Si no aparece nada, tampoco pasa nada. Puedes escribir palabras clave dentro de los círculos. Sé amable contigo mismo. Siempre puedes tomarte un descanso y volver al ejercicio más tarde.

- ¿Qué experiencias, circunstancias y personas han influido en el desarrollo de tu sistema de amenaza, impulso y sosiego?
- ¿Qué es lo que más temías? ¿Qué es lo que más deseabas? ¿Qué es lo que más necesitabas?
- ¿Qué estrategias psicológicas de afrontamiento o supervivencia has desarrollado?

–Estrategias de cara al exterior: evitar a los demás, agradar o competir.

–Estrategias dirigidas a ti mismo: reprimir emociones difíciles, aferrarse a experiencias agradables, autocrítica, perfeccionismo.

- ¿Cuáles son las consecuencias no deseadas o indeseables de estas estrategias?
- ¿Qué aprendes de esto? ¿Cuál sería un deseo amable que podrías expresarte a ti mismo?

Puedes terminar esta reflexión permitiéndote un ritmo de respiración calmado y repitiéndote el deseo que haya surgido con la última pregunta. Deja que este deseo fluya a través de ti. Repite «que pueda...» al inhalar y «sentirme seguro... conectado... a gusto» al exhalar.

Salir del equilibrio

Durante nuestras clases hemos conocido a pocos practicantes que sintieran que su sistema de sosiego estaba demasiado desarrollado. Muchos, en cambio, consideraban que sus otros dos sistemas estaban sobredesarrollados. A diferencia de otros animales, nuestros sistemas de amenaza e impulso —que consumen gran cantidad de energía— permanecen activos mucho más tiempo de lo que la evolución pretendía originalmente. Parece que se nos da mejor generar estrés que encontrar respiro.

A menudo nos encontramos esquivando palos o persiguiendo zanahorias que surgen de nuestra imaginación. Así, incluso cuando parece que estamos descansando, en realidad estamos en «modo hacer».

Mejorar nuestra capacidad de aprender del pasado para evitar errores en el futuro es una ventaja evolutiva demostrada. Por lo tanto, es bastante comprensible que a menudo miremos hacia atrás y nos proyectemos hacia adelante. Pero es una desventaja cuando nuestros sistemas de amenaza o de impulso se activan continuamente por las rumiaciones o cavilaciones sobre el pasado, las preocupaciones sobre el futuro, las fantasías sobre lo que necesitamos para ser felices o el miedo a lo que los demás puedan pensar de nosotros. Estos programas de amenaza y deseo están tan bien establecidos en nuestro cerebro que a menudo son los que «dirigen el espectáculo» en nuestras vidas y nos drenan de energía.

Evitar los palos

¿Te has preguntado alguna vez por qué los periódicos están llenos de malas noticias? Nuestra tendencia a sentirnos atraídos por posibles amenazas y a recordar lo que fue malo se llama «sesgo hacia la negatividad».[14] Aparentemente tenemos un radar que siempre está activo y detecta posibles peligros. Y si un peligro está presente, nunca lo olvidamos.

Rick Hanson compara nuestra memoria con el velcro en lo negativo y con el teflón en lo positivo.[15] No es de extrañar que el sistema de amenaza domine a los demás sistemas. Es el modo por defecto de nuestro cerebro antiguo.

Perseguir las zanahorias

Cuando nuestros recursos eran escasos, necesitábamos tomar todo lo que fuera posible para sobrevivir. Sin embargo, en los tiempos modernos y en nuestros países desarrollados, esto puede conducir a una codicia y un consumismo insanos, que agotan los recursos mundiales. Dado el énfasis de nuestra cultura en los logros individuales, la competitividad, la riqueza y el éxito, no es de extrañar que nuestro sistema de impulso trabaje horas extra. Nos convertimos fácilmente en esclavos de todo tipo de deseos, posesiones y placeres, y nuestra autoestima depende de ello. Y esto se ha acentuado mucho en la actualidad, con las redes sociales, el número de contactos, seguidores y *likes* que podemos acumular.

Así que, por un lado, tenemos miedo a la pérdida y a la inferioridad, y por otro, luchamos por ganar y ser superiores. Pasamos una enorme cantidad de tiempo oscilando entre nuestro sistema de amenaza y nuestro sistema de impulso, y descuidamos nuestro sistema de sosiego. Esto conduce, como es lógico, a todo tipo de problemas de salud relacionados con el estrés. Entonces, ¿cómo podemos lograr un equilibrio más saludable?

Restablecer el equilibrio

De hecho, ya has empezado con el primer ejercicio. Permitirse un ritmo respiratorio tranquilizador aumenta el tono vagal y mejora la variabilidad del ritmo cardíaco, lo que calma nuestro cerebro emocional. Hacer un gesto amable colocando una mano en la zona del corazón puede, si las circunstancias son adecuadas, provocar la secreción de oxitocina, y la consiguiente sensación de calidez, apertura y conexión. Al nutrir nuestro sistema de sosiego, reforzamos la «ruta baja» hacia la compasión,[16] poniendo nuestro cerebro arcaico y nuestro cuerpo en estado de recibir y proporcionar ternura y cuidados. Al trabajar nuestra imaginería con atención plena y compasión, también podemos desarrollar la «ruta alta», una forma de entrenar a nuestro cerebro más reciente a fin de crear mejores condiciones para el sistema de sosiego.

Es decir, podemos «educar» a nuestro cerebro antiguo y a nuestro cerebro nuevo para que desarrollen círculos virtuosos y espirales ascendentes de bienestar físico, psicológico y social, promoviendo así una mayor resiliencia frente al estrés.[17]

De la misma manera en que nos ponemos en forma cuando ejercitamos los músculos de nuestro cuerpo, podemos crear un mejor equilibrio mental practicando la atención plena y la compasión. Entrenamos nuestro cerebro tomando tanto la vía baja como la vía alta de la compasión. Aquí tienes un ejercicio en el que se te invita a utilizar tu imaginación de forma lúdica.

Un lugar seguro

EJERCICIO AUDIO N.°2

Puedes empezar cualquier práctica de este libro con los dos primeros pasos del «Espacio de respiración con amabilidad» (Ejercicio 1). Cada vez que te sientas atascado, solo tienes que recordarte a ti mismo que debes ser plenamente consciente y darle la bienvenida a todo lo que surja, reconectando con un ritmo respiratorio relajado. Cuando te sientas preparado, puedes retomar el ejercicio suavemente.

Imagina ahora que estás en un lugar donde te sientes seguro, totalmente a gusto. Un lugar seguro donde puedes estar tranquilamente a solas, siendo como eres, sin nadie alrededor. Este lugar puede ser un lugar de tu memoria, un producto de tu imaginación o ambos. Quizá se trata de un lugar exterior, junto al mar, en un bosque o jardín. Quizá es un lugar interior, un rincón acogedor y confortable de tu casa. Cualquier lugar.

¿Cómo es ese lugar? ¿Hay alguna imagen visual que surja? ¿Qué formas, qué colores ves? Si no te viene ninguna imagen visual a la cabeza, tampoco pasa nada. ¿Tal vez tu imaginación te diga lo que tus otros sentidos podrían notar en este lugar seguro? ¿Qué sonidos percibes? ¿Qué olores? ¿Cómo sientes el contacto con tu entorno? ¿Sientes calor, frescura? ¿Un toque o apoyo particular? Puede ser tan simple como una sutil sensación de seguridad. Observa los detalles de tu experiencia.

Las imágenes pueden ser fugaces y pueden sucederse varios lugares. Está bien. Así es como funciona nuestra mente. Solo hay que aceptar lo que surge. No hay malas experiencias. Este ejercicio es también una práctica de *mindfulness*. Todas las experiencias pueden acogerse con una curiosidad ligera y lúdica. Y cualquier reacción a lo que se experimenta, agradable o desagradable, puede ser observada con una mente sin prejuicios. Imagina que este lugar seguro te da la bienvenida, sea cual sea la experiencia que puedas tener.

¿Cómo se siente tu cuerpo cuando te imaginas en este lugar tranquilo? ¿Cómo están tus músculos, tu cara, tu pecho, tu estómago? ¿Qué sentimientos y pensamientos observas?

Y ahora imagina que este lugar realmente aprecia tu presencia, sientas lo que sientas. Este lugar se alegra de recibirte y te desea lo mejor. ¿Cómo resuena esto para ti? Continúa todo el tiempo que quieras, sabiendo que siempre puedes volver a esta práctica, cuando lo desees y sea cual sea tu estado de ánimo. En cualquier momento puedes practicar imaginando que vuelves a este lugar, una y otra vez, en cualquier forma que se manifieste.

HOJA DE TRABAJO N.°3

- ¿Qué lugar ha aparecido durante el ejercicio?
- ¿De qué sentido fuiste más consciente durante la práctica?
- ¿Qué sensaciones físicas, emociones y pensamientos has observado?
- ¿Qué sientes al imaginar que este lugar realmente aprecia tu presencia?
- ¿Qué observas ahora mismo al reflexionar sobre esta práctica?
- ¿Qué tipo de deseo amable podrías dirigirte a ti mismo?

Otra forma de entrenar nuestro cerebro se deriva de la práctica tradicional de la «Meditación de la amabilidad o bondad amorosa».[18] Aquí presentamos una versión más contemporánea. Al igual que con la práctica de la atención plena, no es necesario seguir ninguna tradición para practicar la amabilidad. Desarrollaremos gradualmente esta práctica durante las siguientes semanas. Empezaremos ahora ofreciendo esta amabilidad a la persona con la que más interactúas en tu vida. Sí, a ti mismo.

Meditación de la amabilidad: tú mismo

EJERCICIO AUDIO N.°3

Siéntate cómodamente en una silla, un cojín o un banquito de meditación en una postura erguida, con una atención relajada. Si tienes limitaciones físicas, puedes, por supuesto ajustar tu postura o tumbarte en cualquier momento. De nuevo, comienza la práctica con los dos primeros pasos del «Espacio de respiración con amabilidad», a los que puedes

---

volver una y otra vez. Permítete entrar en el momento presente, acogiendo con atención consciente lo que surja. Permite que la respiración se suavice, se haga más profunda, hasta que se establezca en un ritmo tranquilo y relajante. Entonces deja que la respiración fluya por sí sola.

Si lo deseas, puedes empezar por sumergirte en una atmósfera de amabilidad, dejando que tu memoria recuerde una experiencia en la que te sentiste especialmente acogido y a gusto, y en la que tu corazón se llenó de un sentimiento de alegría, satisfacción y gratitud. Deja que tu memoria reavive este recuerdo, invita a participar a todos los sentidos: ¿qué había que ver, oír, oler, sentir en ese momento? ¿Cómo te afecta eso ahora, en el cuerpo, corazón y mente?

A partir de este sentimiento de bondad y benevolencia, estás invitado a repetirte un deseo para ti mismo. ¿Cuál sería el deseo amable más adecuado para ti? ¿Cuál sería el deseo que te sale del corazón en este momento? Déjate sorprender. Si no surge nada, puedes utilizar una de las cuatro frases tradicionales que suelen resumir las necesidades más profundas que todos los seres experimentamos: «que me sienta seguro»; «que me sienta sano»; «que me sienta feliz» o «que me sienta cómodo».

Frases como estas pueden fluir con la respiración, si lo deseas. Di la primera parte —«que pueda» o «me deseo»— al inhalar y la segunda parte al exhalar. Deja que las palabras fluyan por tu cuerpo y todo tu ser, sintiendo los dos aspectos del deseo: el de dar y el de recibir. El dar puede promoverse con una cara relajada y una sonrisa suave; el recibir, poniendo una o dos manos en la zona del corazón, reforzando la intención de acoger este deseo con sinceridad. Si esto no te resuena, puedes decidir explorar cómo es establecer un contacto con otra parte de tu cuerpo y ver si eso te reconforta.

Siéntete libre de modificar la frase con palabras que te resulten más fáciles de acoger. La práctica no consiste en conseguir lo que se quiere. No se puede forzar la realización de un deseo. No se trata de tener buenos sentimientos, sino de cultivar la voluntad de ser amable con uno mismo. Después de un tiempo, puedes repetir una palabra clave, como «seguro», «feliz», «tranquilo» o «contento», ya sea con el ritmo de la respiración o de forma independiente. Si palabras como «sano» o «feliz» parecen poco realistas, entonces frases como «lo más sano posible» u «ojalá pueda ser fuerte / tener valor / ser paciente / sentirme apoyado» pueden ser más apropiadas. Deja que el deseo fluya a través de ti como energía sanadora.

Te sientas como te sientas, feliz o triste, conmovido o desconfiado, revitalizado o agotado, acoge con atención consciente lo que surja. Todo forma parte de la práctica. No hay malas experiencias. Cada vez que te sorprendas reaccionando o distrayéndote, tómalo como una oportunidad para estar presente en lo que está surgiendo, acógelo con una mente abierta y, si es necesario, vuelve a un ritmo de respiración relajada. Si hay espacio de nuevo, prueba la repetición de deseos otra vez.

A veces, si sientes que estás luchando con determinadas experiencias, un deseo paradójico puede ser también amable. Por ejemplo: «Que pueda sentir esta fatiga / esta rabia / esta tristeza exactamente como es».

Continúa con la práctica de bondad hacia ti mismo durante todo el tiempo que quieras.

MINDFULNESS CON CORAZÓN

Puedes tomar notas de este ejercicio en la hoja de trabajo 4.

PREGUNTAS PARA REFLEXIONAR

HOJA DE TRABAJO N.°4

* ¿Qué deseo(s) se ajusta(n) mejor a ti?
* ¿Qué sensaciones físicas has experimentado durante la práctica?
* ¿Qué pensamientos y emociones o sentimientos has observado?
* ¿Cómo te sientes ahora, reflexionando sobre la práctica?
* ¿Cuál podría ser un buen deseo para ti ahora?

Adaptar tu sistema de sosiego

Como ya hemos señalado, en general no necesitamos alimentar nuestros sistemas de amenaza e impulso, pues ya son lo suficientemente fuertes dentro de nosotros. Durante la práctica de la meditación, a menudo se puede observar su actividad, que a veces también se manifiesta de forma más sutil. Por ejemplo, si empiezas a preocuparte o a experimentar resistencia, tu sistema de amenaza se activa. Si te esfuerzas por practicar muy bien o si te esfuerzas por tener una buena experiencia, tu sistema de impulso se activa. Si observas las energías de estos sistemas con plena conciencia y compasión en lugar de luchar contra ellas, ya has dado espacio para que tu sistema de sosiego regrese. He aquí algunas formas de fortalecer y alimentar conscientemente el sistema de sosiego:

* La música puede influir mucho en nuestros estados emocionales. Averigua qué tipo de música tiene un efecto calmante en ti al escucharla, cantarla o al tocar un instrumento, si tienes uno. ¿Qué sonidos, melodías, ritmos tocan la cuerda

de la compasión en ti, estableciendo un ritmo de respiración tranquilo y relajante? Dale espacio a posibilidades aún desconocidas para que existan.

- Algunas personas son más receptivas a los sonidos y los ritmos, otras a los colores y las formas. ¿Qué colores te tranquilizan, te llenan de calidez, de dulzura, de bondad o de valor? También puedes divertirte imaginando que respiras un color, dejando que se extienda por todo tu cuerpo. ¿Cómo te sientes cuando imaginas esto? También puedes observar la naturaleza que te rodea, buscando colores y formas que evoquen sentimientos de bondad y bienestar; o puedes crearlos tú mismo mediante la pintura o la fotografía.
- El tacto es un sentido básico de alivio y seguridad. Piensa en el consuelo que un niño pequeño encuentra en un objeto blando como un peluche. Explora qué propiedades del tacto, o de ser tocado, te hacen sentir bien. También puedes darte regularmente un automasaje o acariciar suavemente tu cuerpo con las manos y las yemas de los dedos. Los expertos en traumas recomiendan esta práctica para calmarse a uno mismo.[19]
- Del mismo modo, puedes explorar el gusto y el olfato, ya sea en la práctica o en tu imaginación. Puedes imaginarte respirando una dulce fragancia, dejando que se difunda por todo tu cuerpo. Por supuesto, la idea no es que caigas en la trampa del consumo de compensación, pero puedes explorar también el efecto calmante del sabor en las comidas diarias con plena conciencia.
- También puedes coleccionar objetos, textos o poemas que te inspiren bondad, alegría y compasión. Puedes colocarlos a tu alrededor durante la práctica.
- Por supuesto, no todas estas sugerencias deben ser exploradas inmediatamente. Date tiempo en las próximas semanas para descubrir, de forma lúdica, cómo se puede alimentar el sistema de sosiego. La invitación es volver a tus sentidos, como se vuelve a casa, sinceramente y con plena conciencia.

Un paseo agradable

EJERCICIO

Sal a pasear, si es posible en la naturaleza, o en cualquier lugar donde te sientas cómodo. Adopta un ritmo de paseo tranquilo y relajante para el cuerpo y la mente. Este ritmo no tiene por qué ser muy lento, e incluso puede ser variable, dependiendo de las condiciones climáticas del interior y del exterior. Permítete un rostro relajado, sonríe ligeramente y deja que la respiración fluya libremente mientras caminas.

Abre tu corazón y tus sentidos para explorar lo que está ahí, en ti y a tu alrededor, y especialmente todo lo que te da una sensación de placer. ¿Hay sensaciones agradables y tranquilizadoras en el interior o en la superficie de tu cuerpo? Tal vez la sensación de los músculos que se contraen y se relajan, la solidez del suelo bajo los pies, la sensación de una ligera brisa en el pelo o el calor de los rayos del sol en la piel. Si algo bello, alegre o conmovedor te llama la atención en el entorno, permítete una pausa para explorar su naturaleza con plena conciencia: un olor que notas, la belleza de una flor, la forma de un árbol, el movimiento de las nubes, la expresión en los rostros de las personas que te rodean, el color de sus ropas, el canto de un pájaro, la risa de los niños jugando, los reflejos del agua.

Explora los detalles sin dejar de ser sensible a la atmósfera general. Tómate tu tiempo para asimilarlo, observa cómo responde tu cuerpo.

A continuación reanuda tu paseo a un ritmo tranquilo y relajante, hasta que surja una nueva invitación a detenerte para explorar lo que hay, que revela su belleza, que evoca sentimientos de alegría y te llena de gratitud. Los pensamientos, las imágenes y las asociaciones que surgen en la mente mientras caminas también pueden ser una fuente de alegría. Por ejemplo, aunque esté lloviendo, puedes sentir gratitud al pensar que todas las criaturas de la naturaleza disfrutan de los beneficios de la lluvia.

Durante la formación en *mindfulness* y compasión, a muchos participantes les resulta muy útil tomar notas, ya sea llevando un diario o utilizando las hojas de trabajo que pueden descargarse. Poner en palabras las experiencias y observaciones puede ser una valiosa fuente de conocimiento. También ofrecemos ejercicios en forma de agenda para rellenar, con un tema diferente cada semana. Esto puede servir de apoyo a la práctica informal, llamando tu atención sobre los acontecimientos que surgen espontáneamente en la vida cotidiana.

EJERCICIO

Agenda: El sistema de sosiego

Para esta semana, la invitación es reflexionar diariamente sobre una experiencia que haya implicado al sistema de sosiego durante el día. Puedes hacer anotaciones en la hoja de trabajo 5, utilizando las siguientes preguntas como guía. Te recomendamos que lo hagas lo antes posible después de cada experiencia, mientas la memoria está todavía fresca.

PREGUNTAS PARA REFLEXIONAR

HOJA DE TRABAJO N.°5

- ¿Cuáles han sido las circunstancias?
- ¿Cómo y cuándo has tomado consciencia del sistema de sosiego?
- ¿Qué experiencias físicas has observado?
- ¿Qué pensamientos y emociones has notado?
- ¿Cómo te sientes ahora mismo, al reflexionar sobre esta experiencia?
- ¿Cuál podría ser un deseo amable para ti?

Diseñados para sobrevivir más que para prosperar   73

Resumen del capítulo 1

En este primer capítulo analizamos el porqué del entrenamiento de la compasión y lo relacionamos con los avances científicos que tenemos sobre la comprensión de cómo los seres humanos han sido moldeados por la evolución. El diseño imperfecto de nuestro cerebro puede ser, sin que esto sea en modo alguno culpa nuestra, fuente de mucho sufrimiento. Abordamos los tres sistemas básicos de regulación de las emociones: los sistemas de amenaza, impulso y sosiego. Nuestros sistemas de amenaza e impulso pueden volverse fácilmente hiperactivos, a expensas de nuestro sistema de sosiego. Este desequilibrio puede provocar muchos problemas de salud relacionados con el estrés. La práctica de la compasión puede ayudar a restablecer el equilibrio.

Sugerencias para practicar en casa después de la primera sesión

Formal

- Considera los tres sistemas en tu propia vida.
- Realiza con regularidad el ejercicio «Lugar seguro» (Audio N.°2) y la HT N.°3.
- Practica regularmente la «Meditación de la amabilidad hacia ti mismo» (Audio N.°3) y la HT N.°4.
- Explora lo que puede fortalecer el sistema de sosiego y realiza con regularidad «Un paseo agradable» (p. 71).

Informal

- Practica regularmente, por ejemplo, dos veces al día entre tus actividades cotidianas, el «Espacio de respiración con amabilidad». (Audio N.°1.)
- Completa el ejercicio de la agenda «El sistema de sosiego». (HT N.°5.)

Puedes descargarte las hojas de trabajo para tomar notas durante las sesiones, semana a semana. (HT N.°2.)

Suave

Mira cómo el color ha vuelto
al mundo
—una noche de lluvia es suficiente
para iniciar un nuevo crecimiento.

¿Recuerdas lo que es
ser suave?
Como un niño pequeño
 antes de que las limitaciones del mundo
crezcan en sus huesos.

Mira el río azul brillante
que serpentea por la bahía.

¿Cómo es moverse por este mundo,
plegándose con gracia a sus corrientes?

Mira el cuerpo caliente del gato
al sol en el alféizar de la ventana.

Volvamos a ser animales,
despiertos a la luz, la lluvia y el calor,
suaves y vivos y bendecidos.

«Soft»,
RACHEL HOLSTEAD

2

Acoger los demonios internos

Sesión 2. Amenaza y autocompasión

El verdadero viaje de descubrimiento no consiste en buscar nuevos paisajes, sino en tener nuevos ojos.

MARCEL PROUST[1]

Explorar nuevos paisajes

Hace mucho tiempo, los exploradores se lanzaban a descubrir nuevas regiones del mundo. Emprendían viajes sin saber lo que iban a encontrar. Necesitaban una buena dosis de coraje y curiosidad para hacer descubrimientos. En ausencia de mapas, necesitaban una mente abierta y la voluntad de ir más allá de los límites del mundo conocido hacia un territorio desconocido. Utilizaban todos sus sentidos y su mente para leer las estrellas, los vientos, los mares y los paisajes.

Muchos de los ejercicios de este curso te invitan a convertirte en un explorador de tu «paisaje interior», sin tener un mapa de lo que encontrarás allí.

Aunque tus paisajes interiores te parezcan familiares y creas que ya los has cartografiado, te invitamos a que les des otro vistazo. Quizá algunos de tus mapas ya no sean válidos. Al igual que los paisajes exteriores cambian con el clima y las estaciones, también lo hacen los paisajes interiores, dependiendo de tu estado físico, emocional y mental. ¿Qué hay por descubrir ahora? Algunos paisajes interiores pueden ser atractivos y acogedores, y otros, áridos y hostiles, de la misma manera que ocurre en el mundo exterior: hay llanuras floridas y bosques, así como desiertos áridos o helados. Sin embargo, como saben los botánicos, los expertos en fauna y los ecologistas, todos los paisajes pueden revelar tesoros ocultos, por muy inhóspitos que parezcan.

Algunos de los ejercicios del primer capítulo pueden llevarte a esperar paisajes agradables, pero es posible que se produzcan también descubrimientos desagradables. Durante este curso te invitamos a ser valiente en la exploración de paisajes interiores que pueden parecer inquietantes a primera vista. Es posible que te sorprendas de lo que hay que descubrir. Confía en tu experiencia, no en tus expectativas, prejuicios o mapas establecidos. ¿Has visto alguna vez esos mapas medievales con monstruos horribles dibujados en los límites del mundo conocido? No impidieron a los intrépidos descubridores adentrarse en lo desconocido. Sin duda se encontraron con muchas sorpresas, pero desde luego no con esos monstruos que surgieron de la imaginación de los primeros cartógrafos. De forma similar, cuando entres en un territorio desconocido puedes temer la presencia de demonios y dragones. Pero tal vez esto no resulte tan malo como tu imaginación te inclina a creer. Aquellos que tomas por tus demonios pueden incluso resultar ser amigos, despertando la compasión en tu corazón. Para el siguiente ejercicio, nos hemos inspirado en el trabajo de Tara Brach.[2]

Abordar la resistencia con compasión

EJERCICIO AUDIO N.°4

Adopta una postura sentada cómoda. Sé consciente de cualquier experiencia que surja y permite que se establezca un ritmo de respiración sosegada.

(Recuerda que todas las prácticas de este libro pueden comenzar con los dos primeros pasos del «Ejercicio de respiración amable», el primer ejercicio de este libro.)

Deja que surja en tu memoria una situación, preferiblemente un recuerdo de algo que hayas vivido recientemente, que te haya inspirado miedo, desagrado, asco o resistencia. No es necesario que elijas la experiencia más difícil para ti. Elige algo que te perturbe, pero que te sientas capaz de afrontar ahora. Puede ser una dificultad física o emocional, o una dificultad de relación con otra persona.

Si te viene un recuerdo, deja que tu imaginación vuelva a conectar con la situación, permite que cobre vida como si la estuvieras reviviendo ahora mismo. ¿Qué puede ser visto, oído y sentido? Explora la visión interna de este sentimiento de amenaza y la reacción que provoca en ti. ¿Qué emociones, qué pensamientos surgen? Déjate sorprender por los detalles de esta visión. Mira a tu alrededor, como un explorador que descubre un territorio desconocido.

A continuación te proponemos que explores los efectos de este recuerdo con plena conciencia. La invitación es que afrontes la situación vivida con la actitud mental de «no, no quiero eso». Encarna realmente este «no». Sea lo que sea lo que se presenta, afróntalo con la energía de la resistencia. «No» a la situación, «NO» a las sensaciones físicas, a las emociones, a los pensamientos. Expresa la actitud de rechazo a todo lo que se presenta: «no, no, no». Incluso si te cuesta conectar con alguna situación o sientes aversión por el ejercicio en sí, puedes decir «no, no quiero eso». «No» a cualquier sonido, pensamiento o sentimiento que surja en el momento. «No» incluso a la respiración.

¿Qué efecto tiene este «no» en ti? ¿Qué efecto tiene este «no» en tu cuerpo, en cómo lo sientes, en su temperatura» ¿Qué sientes en la cara, en las mandíbulas, en la garganta, en el pecho, en el estómago, en los músculos de los brazos y las piernas, en las manos y los pies? ¿Cuál es el efecto de este «no» en tu estado de ánimo y en tu mente? ¿Cuál es el efecto sobre la situación que imaginas? ¿Y qué pasaría si mantuvieras este estado de «no» durante un periodo de tiempo mucho más largo?

A continuación suelta el «no» y permítete estar en una actitud neutral, ajustando tu postura si es necesario. Si lo deseas, también puedes abrir los ojos durante unos instantes, respirar profundamente y dejar que el cuerpo se mueva y se relaje.

Luego vuelve a conectar con esa misma situación difícil. Permite que cobre vida una vez más en tu imaginación. Deja que la experiencia te llegue de nuevo con todos sus detalles, tanto físicos como emocionales y mentales.

Esta vez aborda la experiencia con una actitud mental diferente hacia la situación y tu experiencia sobre ella: la actitud del sí. Expresa interiormente: «me parece bien» o «todo está bien». Encarna este «sí» con todo tu ser. Relaciónate con cada experiencia con un «sí», «bienvenido» o «de acuerdo». Si no tienes muy presente la situación en sí, puedes simplemente dejar que el «sí» fluya a través de ti hacia lo que estés experimentando en este momento. «Sí» a los sonidos, a los pensamientos, a los sentimientos, «sí» a la respiración.

Al encarnar el «sí», explora el efecto que tiene en ti. ¿Qué sensaciones notas en el cuerpo, en la cara, en el pecho, en el estómago, en los diferentes músculos de las extremidades? ¿Qué efecto tiene este «sí» en tu estado de ánimo y en tu estado emocional? ¿Cómo afecta a la situación imaginada y a tu experiencia sobre ella? ¿Qué pasaría si encarnaras este «sí» durante un periodo de tiempo más largo?

A continuación vuelve a una actitud neutral, con una conciencia abierta. Deja que la respiración fluya, libre, con todo lo que se presente. Reflexiona, si quieres, sobre la siguiente pregunta: ¿cuál sería la actitud más compasiva y sabia ante esta situación: «no», «sí» o algo intermedio?

Este ejercicio propone una exploración sin prejuicios de las diferentes actitudes posibles, una investigación consciente y atenta. No hay ningún juicio implícito sobre la superioridad de una actitud sobre la otra. La respuesta más compasiva puede depender de la situación que hayas elegido. También puede haber más de un nivel que explorar: «sí» o «no» a la situación, a tu experiencia de la situación o a lo que el ejercicio haya despertado en ti. También puede haber una diferencia entre «sí» y «de acuerdo». Y puede haber muchos tipos diferentes de «no»; desde el «no» con temor y resistencia hasta el «no» que pretende establecer límites sabios. Reflexiona con suavidad sobre lo que surge en la mente. Si lo deseas, puedes terminar dejando que un deseo amable y bondadoso fluya a través de ti, ya sea con el ritmo de la respiración o de manera independiente.

HOJA DE TRABAJO N.°6

- ¿Qué situación has elegido?
- ¿Qué has notado al encarnar el «no»?
- ¿Cómo fue persistir en el «no» respecto a esa situación?
- ¿Qué has notado al encarnar el «sí» o «de acuerdo»?
- ¿Cómo fue persistir en el «sí» respecto a esa situación?
- ¿Existe una distinción entre las circunstancias en las que es más apropiado el «no» y otras en las que es más apropiado el «sí»? Por ejemplo, decir «no» a la conducta agresiva de alguien mientras le dices «sí» a tus emociones.
- ¿Cuál sería un deseo amable para ti mismo o para otros sobre el tema explorado?

Amenazas externas e internas

Como hemos visto ya, según las leyes de la evolución, para nuestra supervivencia es crucial que seamos conscientes de las amenazas. Por lo tanto, no es de extrañar que el sistema de amenaza sea el más importante y domine fácilmente a los demás sistemas. Si salimos a pasear y tropezamos, automáticamente extendemos la mano para protegernos. Si oímos una alarma de incendio durante una comida, simplemente nos olvidamos de la comida. La amígdala es una estructura de nuestro cerebro antiguo que actúa como alarma interior y se activa en respuesta a posibles amenazas. Inmediatamente pone a nuestro cuerpo en alerta a través de una cascada de reacciones neurobiológicas y hormonales.

Nuestro sistema de alarma se vuelve más sensible si hemos experimentado muchas amenazas en el pasado. Como hemos mencionado con anterioridad, este sistema tiene un sesgo hacia la negatividad. Aunque es muy eficaz para protegernos de amenazas externas, como caernos de cabeza o quedar atrapados en un incendio, también puede hacernos un flaco favor cuando responde con tanta intensidad a amenazas internas, como pensamientos preocupantes, emociones dolorosas o ideas catastrofistas. Las amenazas psicológicas pueden activar las mismas reacciones corporales que las físicas. El cuerpo no distingue entre ambas. El desajuste evolutivo entre el cerebro antiguo y el nuevo puede causar mucho sufrimiento. Nada de esto es culpa nuestra, es solo la forma en que nuestro cerebro está diseñado.

Christopher Germer ha destacado la forma en que las respuestas instintivas a la amenaza vinculadas a nuestro cerebro antiguo, como «luchar, huir o bloquearse», diseñadas para protegernos de las amenazas externas, tienen su equivalente psicológico en nuestro cerebro nuevo cuando nos sentimos amenazados desde dentro.[3] La lucha se convierte entonces en *autocrítica* o agresión contra nosotros mismos; la huida se manifiesta como *aislamiento*, cuando buscamos escondernos de los demás y nos sentimos solos en nuestro sufrimiento. El bloqueo o parálisis se manifiesta en la *sobreidentificación*, cuando nos congelamos en visiones rígidas de nosotros mismos, de los demás y del mundo que nos rodea. Estas reacciones a la amenaza psicológica pueden tener ciertamente algunos beneficios inmediatos. La autocrítica, por ejemplo, nos salva de ser criticados por los demás, mientras que el aislamiento nos protege del rechazo y, por último, la sobreidentificación puede protegernos de perder el control y exponernos a situaciones inusuales. Así, estos mecanismos pueden ayudarnos a sobrevivir psicológicamente, pero a la larga pueden ser la causa de mucho sufrimiento. Las reacciones de lucha, huida o bloqueo son eficaces para hacer frente a los peligros externos. En cambio, las amenazas internas tienden a persistir. En particular, si uno se limita a las estrategias «luchar, huir o bloquearse», estas reacciones pueden incluso amplificarse y perseguirnos, como demonios interiores. ¿Podemos responder a estas «amenazas» internas, como, por ejemplo, el dolor emocional y los pensamientos perturbadores, de una manera más saludable? ¿Podemos acoger a nuestros demonios interiores con una actitud distinta a la de lucha, huida, bloqueo? Sí, podemos... con autocompasión.

Los tres componentes de la autocompasión

La investigadora Kristin Neff,[4] pionera en este campo, distingue tres componentes de la autocompasión que pueden ser un remedio para las reacciones psicológicas de lucha, huida y bloqueo (figura 2.1):

- *La amabilidad hacia uno mismo*, o la capacidad de tratarse con amabilidad, es un remedio contra la autocrítica.

- *La humanidad como condición compartida* es un remedio para el aislamiento. Es la simple constatación de que el sufrimiento forma parte de la condición humana, y de que compartimos este sufrimiento con muchos otros seres.

- *El mindfulness* es un remedio para la sobreidentificación, o las creencias rígidas que tenemos sobre nuestro dolor y cómo debemos gestionarlo. En lugar de quedarnos atrapados en perspectivas estrechas, si exploramos atentamente nuestro sufrimiento y respondemos a él conscientemente, con una mente sin juicios, simplemente acogiendo nuestra experiencia con una conciencia abierta y amable, podemos suavizar nuestras creencias.

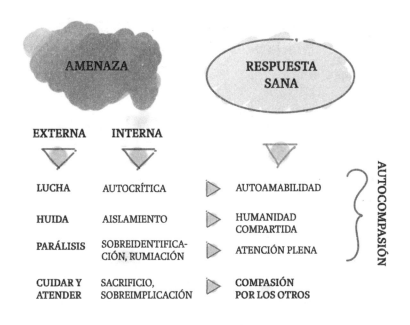

Figura 2.1 *Reacciones a la amenaza y a la autocompasión*

Cada vez que sufras un dolor emocional, puedes practicar un sencillo pero poderoso ejercicio concebido por Kristin Neff,[5] llamado «Recordatorio de atención consciente» o «Mantra de la autocompasión». Consiste simplemente en repetir estas tres frases de apoyo, dejando que resuenen en tu cuerpo y en tu mente. De este modo, puedes aliviar el sufrimiento emocional, recordando regularmente los tres aspectos de la autocompasión. También puedes llevarte una mano al corazón si lo deseas.

Recordatorio de la autocompasión

EJERCICIO

1. Este es un momento de sufrimiento.
   (Reconocer el sufrimiento, el dolor, la angustia, la pena, etcétera, con atención consciente.)
2. El sufrimiento forma parte de toda vida humana.
   (Reconocer la humanidad compartida de este sufrimiento.)
3. Que pueda ser amable conmigo mismo.
   (Expresar amabilidad con el que sufre: uno mismo.)

Prueba tus propias variaciones de estas frases para encontrar la que mejor te funcione. Permítete expresar en voz alta los tres componentes de la autocompasión. Por supuesto, también puedes ser amable contigo mismo en la acción. E incluso puedes asociar estos tres componentes a un buen amigo o familiar que esté pasando por un momento difícil.

Otra práctica informal para esos momentos en los que te encuentras con una dificultad en tu vida cotidiana es una adaptación de la versión de «gestión de crisis» de la respiración de tres minutos.[6] Ya has aprendido el «Espacio de respiración con amabilidad», la versión *estándar*, que puedes practicar en cualquier momento, de manera programada o no. Cuando la amabilidad o bondad se encuentra con el sufrimiento, se convierte en compasión. Por eso llamamos a este ejercicio adaptado «Espacio de respiración con compasión».

Espacio de respiración con compasión

EJERCICIO AUDIO N.º 5

Puedes hacer este ejercicio cuando experimentes sufrimiento, cada vez que tengas que enfrentarte a un dolor emocional o a una situación estresante y que puedas permitirte hacer una pausa consciente de manera segura. Puedes hacerlo de pie, sentado o tumbado. La duración del ejercicio puede variar en función de la situación en la que te encuentres. De nuevo, distinguiremos tres fases.

1. Estar presente con una atención abierta y amable
Acoge todo lo que surge, incluso lo que es doloroso. Simplemente observa las sensaciones a medida que se producen. Puede ser útil nombrarlas. Por ejemplo: «tensión en las mandíbulas / cuello / hombros», «peso en el pecho», «respiración superficial». Siente y nombra tus emociones, por ejemplo: «miedo», «tristeza», «exasperación», «vergüenza», «vulnerabilidad». Toma nota también de tus pensamientos, sin perderte en su contenido, por ejemplo: «preocupación», «autojuicio», «crítica». Acoge la dificultad en un envoltorio de bondad. Encarna una actitud de suavizar, calmar, permitir. Libera la tensión física, calma las emociones dolorosas, deja que los pensamientos vayan y vengan a su antojo, sea cual sea su contenido.

2. Permítete un ritmo respiratorio relajante
Observa el movimiento de la respiración y deja que se ralentice suavemente y se haga más profunda, dando paso a un ritmo respiratorio relajante y reconfortante. Deja que la respiración fluya libremente y que el cuerpo se relaje, deja que se enraíce. Quizá con la ayuda de un gesto suave, una

sonrisa interior o conectando con la imagen de un lugar seguro o una persona afectuosa.

3. Deja que el cuerpo sea atravesado por un deseo de compasión
Amplía la atención a todo el cuerpo, abriendo el corazón a cualquier dolor o sufrimiento que pueda haber en este momento, ya sea físico, mental o emocional. Pregúntate: «¿Cuál podría ser un deseo compasivo para mí en este momento?». Si surge un deseo, repite suavemente las palabras y deja que vayan bañando todo tu ser, ya sea siguiendo el ritmo de la respiración o de forma independiente. Si quieres, coloca una o ambas manos sobre tu corazón. Puedes repetir, por ejemplo, «que me sienta tranquilo», «que me sienta seguro», «que reciba consuelo», «que tenga el valor de estar presente con este dolor», «que me libere del sufrimiento» o «que acepte lo que no puedo cambiar».

A veces, un deseo paradójico como «que pueda sentir plenamente esta tensión / esta fatiga / esta tristeza» puede ser muy compasivo, creando espacio para lo que realmente está ahí. Las tres frases del «Mantra de la autocompasión» también pueden utilizarse aquí. Después retoma tus actividades diarias cuando estés preparado.

Cuidar y hacer amistad

Más recientemente se ha descrito en los mamíferos una cuarta reacción a la amenaza, llamada «cuidar y hacer amistad» (*tend and befriend* en inglés).[7] Cuando los animales que viven en grupo perciben un peligro inmediato, su reacción instintiva es cuidar y proteger de los miembros más jóvenes y vulnerables de su grupo (cuidar), y buscar la conexión entre ellos para apoyarse mutuamente (hacer amistad). Del mismo modo, en los humanos, esta respuesta innata para permitir la supervivencia de nuestra especie puede ser muy fuerte. Desde luego puede ayudarnos a sobrevivir, pero también puede activarse en momentos inadecuados. En los aviones, los miembros de la tripulación recomiendan ponerse la máscara de oxígeno antes de ocuparse de los niños. Así, se nos anima a no seguir ciegamente nuestros instintos, sino a utilizar las capacidades de nuestro cerebro nuevo para inhibir el antiguo. Por otro lado, nuestro cerebro nuevo puede causar problemas, activando la respuesta de cuidar y hacer amistad de forma inapropiada, con solo imaginarnos que otras personas están en peligro o necesitan algo cuando no es el caso. Por ejemplo, los padres pueden preocuparse excesivamente cuando sus hijos no se terminan la comida, aunque estén creciendo normalmente. O pasan horas despiertos y preocupados por su hijo adolescente que está divirtiéndose con sus amigos.

Por lo tanto, la reacción cuidar y hacer amistad, al igual que la reacción de lucha, puede sernos útil o perjudicarnos. Muchos de nosotros tenemos una fuerte tendencia a querer agradar a los demás, derivada de un sentimiento de inseguridad y de la necesidad de caer bien. A menudo nos sentimos obligados a atender las necesidades de los demás, reales o imaginarias, a expensas de las propias. No solo podemos prestar una ayuda inadecuada a los demás, sino que nos olvidamos de cuidar de nosotros mismos. Tal vez por eso muchos profesionales de la salud y cuidadores sufren de agotamiento y *burnout*.

«Yo primero», «tú primero» o «nosotros juntos»

Cuando se les pregunta a las personas que han expresado el deseo de participar en un programa MBCL, muchas dicen que su compasión hacia los demás las deja exhaustas hasta el punto de que no queda espacio para la autocompasión. Más tarde empiezan a darse cuenta de la diferencia que existe entre la compasión y el hecho de dejarse llevar por una reacción instintiva de cuidar y hacer amistad, que el cerebro nuevo disfraza de abnegación, sacrificio de uno mismo y preocupación excesiva por el bienestar de los demás. Mientras que la reacción de lucha, huida o bloqueo tiene como objetivo la supervivencia de uno mismo (yo primero), la reacción de cuidar y hacer amistad se centra en la supervivencia del otro (tú primero) o del grupo. Sin embargo, las reacciones instintivas no son compasión. La reacción automática de cuidar y hacer amistad, igual que las otras reacciones de estrés, puede ser útil en el caso de una amenaza externa aguda, pero se vuelve rápidamente agotadora si dura más de lo necesario. Forma parte de nuestro diseño (que no es culpa nuestra), pero el reto es utilizarla con sabiduría. Cuando nos permitimos hacer una pausa con atención plena y pasamos del sistema de amenaza al sistema de sosiego, podemos desprendernos de las reacciones automáticas y elegir en su lugar una respuesta compasiva, teniendo en cuenta las necesidades de todos los implicados. Esta respuesta es el «nosotros juntos», en lugar del «yo primero» o el «tú primero».

La supervivencia del más amable

El biólogo Frans de Waal[8] sostiene que el uso común de la expresión «la supervivencia del más apto», entendida a menudo como la supervivencia del más fuerte, tiene poco que ver con la concepción darwiniana original de la selección natural. El propio Darwin lamentaba que su teoría a menudo fuera malinterpretada por los gobernantes y utilizada de manera inadecuada por los ricos para explotar a los pobres. El significado original de su teoría era realmente la supervivencia del más apto, no en el sentido del más fuerte, sino en el del «más adaptado a su entorno». Así, «la supervivencia del más apto» no es una excusa para consentir y dejarse llevar por los impulsos primitivos de nuestro cerebro reptiliano, como si la evolución se hubiera detenido ahí. El cerebro de los mamíferos adquirió la capacidad de cooperar, compartir y cuidarse mutuamente, lo que representa un salto cuántico en la evolución. Más que cualquier otro animal, los humanos son extremadamente vulnerables y dependen del cuidado de otros durante muchos años antes de llegar a la edad adulta. Nuestra capacidad para la empatía, la moralidad y comportamientos cooperativos y altruistas aumenta las posibilidades de supervivencia. Algunos psicólogos sugieren sustituir «la supervivencia del más apto» por «la supervivencia del mejor nutrido o mejor criado»[9] o por «la supervivencia del más amable».[10] No se trata tanto de ser fuerte como de ser amable y considerada lo que le da a la raza humana la mejor oportunidad de sobrevivir. Un participante en uno de nuestros talleres, que era un motero entusiasta, pensó que el texto «Born to be wild» (Nacido para ser salvaje) de su camiseta debería ser sustituido por «Born to be mild» (Nacido para ser suave).

Hoy en día, los científicos evolucionistas y las autoridades religiosas no están tan enfrentados como en siglos pasados. Los evolucionistas reconocen cada vez más la importancia de las religiones para la supervivencia. Los líderes religiosos, como el dalái lama, consideran que la amabilidad y la compasión son necesidades humanas básicas que pueden cultivarse independientemente de las creencias religiosas. La religión *puede* contribuir ciertamente a un mundo mejor, aunque el comportamiento de algunos creyentes no siempre lo haga evidente. A pesar de ello, Karen Armstrong, historiadora especializada en el estudio comparativo de las religiones, ha demostrado que la compasión es el valor central de todas las principales religiones y tradiciones de sabiduría.[11]

Volvamos ahora al desarrollo de la amabilidad hacia nosotros mismos y hablemos un poco más de la práctica de la autocompasión.

Los caminos hacia la autocompasión

En las lenguas asiáticas antiguas, el término para la compasión es *karuna*, una palabra que incluye a *todos* los seres, incluso a nosotros mismos. En las culturas occidentales hemos tenido que crear una palabra nueva, «autocompasión». Parece que hemos olvidado la segunda parte del mensaje bíblico de amar al prójimo *como a uno mismo*. ¿Se debe esto a que nuestras mentes se han estrechado por el enfoque «tú primero» que propone la reacción de cuidar y hacer amistad o por nuestro miedo cultural a sentir lástima de nosotros mismos o a ser demasiado indulgentes? Sea cual sea el origen de este desequilibrio, la autoindulgencia cierra nuestra mente y la limita a nosotros mismos, como si fuéramos el centro de sufrimiento del mundo, mientras que la autocompasión abre la mente al sufrimiento como parte de la condición humana. Ser genuinamente compasivos con nuestro propio sufrimiento no es una actitud egoísta. Por el contrario, desarrolla la sensibilidad hacia el sufrimiento de todos, independientemente de quién lo padezca. Así, aunque distingamos entre la compasión por los demás y la autocompasión, es importante recordar que ambas son inseparables.

Christopher Germer[12] ha descrito acertadamente cinco caminos para la práctica de la autocompasión, que se presentan en la siguiente tabla.

Cinco caminos en la práctica de la autocompasión

El camino	Caracterizado por	Práctica
1. Del cuerpo	Relajación	Descanso físico y relajación. Ofrecerle al cuerpo calidez, apoyo y ejercicio suave (baños, sauna, escáner corporal, yoga, danza, deportes, paseos agradables). Nutrir el cuerpo a través de todos los sentidos: la visión de la belleza, un sonido reconfortante, el tacto, el olor, el sabor.

El camino	Caracterizado por	Práctica
2. De las emociones	Apaciguamiento	Hacerse amigo de estos mensajeros, aunque sean incómodos. Sostener las emociones dolorosas en el suave abrazo de la atención consciente, del mismo modo que una madre cariñosa sostiene a su hijo alterado.
3. De los pensamientos	Permitir	Una actitud abierta y sin prejuicios hacia los pensamientos e imágenes mentales. Observar simplemente sus idas y venidas, sin necesidad de controlarlos, huir de ellos o darles seguimiento.
4. De las relaciones	Intimidad, conexión, generosidad	Trata a los demás como te gustaría que te trataran a ti (la regla de oro). Comparte los altibajos con sensibilidad hacia las necesidades del otro. Cultiva el «nosotros juntos» en vez del «yo primero» o el «tú primero».
5. De la espiritualidad	Compromiso con valores más profundos y altruistas	Define y redefine tus intenciones para conectar con lo que es verdaderamente valioso para ti. Escucha lo que toca tu corazón y da sentido a tu vida.

Lo que todos estos caminos hacia la autocompasión tienen en común es que abren «el corazón». Lo que se describe aquí no es el órgano que bombea la sangre. Se trata, más bien, de lo que siente el corazón, esa parte central en nuestro pecho que nos informa con sensibilidad sobre la calidad de nuestra conexión con cualquier cosa que surja en nuestra conciencia, ya sean sensaciones físicas, emociones, pensamientos, otros seres vivos o cualquier cosa que tenga sentido para nosotros. El corazón se cierra cuando estamos estresados y queremos deshacernos de lo que no queremos o aferrarnos a lo que deseamos. El corazón se abre cuando estamos relajados y en sintonía positiva con la vida tal y como se está desarrollando. De la mano del *mindfulness*, podemos practicar el *heartfulness*[a], explorando los caminos que

---

a. Una palabra inglesa difícil de traducir de manera literal y que respete la resonancia en paralelo con *mindfulness*. Podría entenderse como «autenticidad cálida»). *(N. de la t.)*

abren nuestro corazón. Una práctica muy sencilla es colocar una mano sobre el corazón. Si lo deseas, puede probarlo ahora.

Una mano en el corazón

EJERCICIO

Permítete un momento para hace una pausa con atención consciente. Los ojos pueden estar cerrados o permanecer abiertos. Acoge la postura y todo lo que puede ser observado en este momento en tu cuerpo y a tu alrededor, sean sonidos, emociones o pensamientos. Deja que la respiración encuentre un ritmo relajante.

Recuerda una experiencia que te haya tocado el corazón y te haya dado una sensación de alegría, paz, satisfacción. Tal vez estabas solo, o compartías esa experiencia con un ser querido o una mascota. Deja que una sonrisa aparezca en tus labios al recordar esa situación.

Imagina que tu corazón respira suavemente y que permites que se ensanche. Ahora coloca suavemente una mano abierta en la zona del corazón. Siente el tacto y la calidez. ¿Cómo se recibe esto? Observa las sensaciones en la mano, en el pecho, en la superficie y en la profundidad. ¿Qué efecto observas en el cuerpo y en la mente? ¿Qué efecto tiene esto en tu estado de ánimo? Simplemente acoge la experiencia tal y como se presenta.

Se te pide regularmente que coloques una o ambas manos en el corazón durante los ejercicios. Puede que esto te resulte extraño al principio. Lo más probable es que te vaya resultando más familiar si practicas esta conciencia del corazón, algo que puedes hacer en cualquier momento, observando si tu corazón está cerrado o abierto, si se siente contraído o espacioso, frío o cálido, pesado o ligero. Y si tu corazón parece cerrado, observa qué necesita para poder abrirse. Puede ser el toque de tu mano, una respiración tranquilizadora, una palabra amable o una imagen reconfortante. Además, durante tu práctica formal, puede ser útil colocar una mano en tu corazón de vez en cuando.

Cuando la propia compasión parece ser el demonio

Quizá todo lo terrible no sea, en realidad, sino algo indefenso y desvalido, que nos pide auxilio y amparo.

RAINER MARIA RILKE[13]

A menudo la amabilidad y la compasión pueden dar lugar a reacciones de amenaza. En efecto, es como si los demonios internos surgieran de lo desconocido. El reto en esos momentos consiste en no volver a caer en el modo lucha, huida, bloqueo, sino en dar a estas reacciones comprensión y atención. Si la autocrítica se ha convertido en un hábito para ti —en tu zona de confort— y estás empezando a explorar el territorio, aún bastante desconocido, de la amabilidad hacia ti mismo, es comprensible que sientas miedo. Será mucho más probable si la amabilidad revela viejas heridas y necesidades insatisfechas. Paul Gilbert reconoce que el miedo a la compasión es un tema importante en la terapia.[14] Christopher Germer utiliza el término *backdraft*[b] para referirse a las reacciones negativas a la autocompasión en general.[15] A menudo trabajamos con metáforas para explicar lo que puede ocurrir.

---

b. Literalmente, «llamarada». Término que se utiliza en un incendio cuando al abrir una puerta se produce una explosión por reintroducción de oxígeno. Aquí significa reactivación de una zona de dolor. *(N. de la t.)*

Miedo, ira y desconfianza

Imagina un perro vagando por las calles de un país en el que los perros son generalmente maltratados. Probablemente ha sufrido negligencia y abusos toda su vida. Viniendo de una cultura en la que la mayoría de la gente adora a los perros, es posible que quieras acercarte a este pobre animal para acariciarlo. Pero el perro no apreciará esta amabilidad si no le resulta familiar. En cambio, estará en guardia, gruñendo como defensa, listo para atacar o huir. Imponerle la amabilidad solo empeorará las cosas. Necesita aprender que puede confiar en ti antes de poder recibir cualquier tipo de amabilidad de tu parte. Esto requiere paciencia y una aproximación suave. En lugar de caminar hacia el perro, es mejor esperar hasta que él esté listo para acercarse a ti. Del mismo modo, imponer la bondad a partes descuidadas de uno mismo puede provocar miedo, ira y desconfianza.

Pánico

Backdraft ('llamarada') es un término utilizado por los bomberos para describir un peligro que puede encontrarse al entrar en un edificio en llamas. En una habitación cerrada, donde hay calor, pero no hay llamas por la ausencia de oxígeno, la entrada masiva de aire por una ventana rota o una puerta abierta sin precauciones suficientes puede provocar un incendio. Del mismo modo, puede producirse un pánico repentino cuando la amabilidad o la benevolencia entran en un área que previamente ha sido privada de ellas. Esto puede ocurrir si la bondad está asociada a experiencias traumáticas, como el abuso o el abandono por parte de alguien que inicialmente te trataba con amabilidad. Es posible que hayas aprendido a protegerte de la amabilidad para asegurarte de que la mala experiencia no se repita. Como ya se ha mencionado anteriormente, el cuerpo reacciona de la misma manera ante las amenazas, ya sean reales o imaginarias. *Saber* esto puede ayudar, pero también es necesario practicar la atención consciente para que el cuerpo pueda *sentir* que las falsas alarmas se pueden calmar a través del sistema de sosiego.

Dolor

Si la *llamarada* es una metáfora «caliente», también existe una metáfora «fría», que puede ser más apropiada para la experiencia del dolor. Si alguna vez has jugado a una guerra de bolas de nieve con las manos desnudas cuando eras niño, puede que recuerdes lo doloroso que era intentar calentar después tus dedos congelados junto a un radiador o bajo el agua caliente. Los dedos necesitaban calor para mantenerse vivos, pero la forma más suave de calentarlos era hacerlo gradualmente, poniéndolos bajo el agua fría y luego dejando que esta, poco a poco, fuera más caliente. Esto es igual de efectivo, pero mucho menos doloroso. Del mismo modo, si tu necesidad de amor y calidez no fue satisfecha cuando eras niño, puedes haber aprendido a negar esta necesidad. Si una ola de calor llega a esas zonas «congeladas», pueden reaccionar con un arrebato de pena, por el dolor que esa carencia soportada durante tanto tiempo causó. La forma más amable de dejar que el calor entre en esas zonas es ir despacio.

A veces también se puede sentir tristeza sin poder determinar su origen. Es entonces como si una ola irrumpiera desde «el océano de dolor de la vida», como expresa el dalái lama.

Fatiga

Muchas personas que siguen un entrenamiento de *mindfulness* o de compasión experimentan fatiga. A veces la gente piensa que los ejercicios son agotadores. Pero si se examina más de cerca, resulta que nos hemos vuelto más sensibles al cansancio, que antes se ignoraba. Para los seres humanos, vivir con el ritmo acelerado del mundo actual, veinticuatro horas al día, siete días a la semana, requiere mucha energía y, por supuesto, los sistemas de amenaza y de impulso desempeñan un papel importante en este fenómeno. Es como si solo ahora que estás quieto te dieras cuenta de que llevas una pesada carga y pudieras sentir su peso.

Un ritmo suave

Las reacciones negativas a la amabilidad y la compasión son comunes en las personas que fueron descuidadas, abandonadas o maltratadas en la infancia. Aquellos que no han desarrollado un apego seguro a sus padres o cuidadores suelen tener dificultades para confiar en los demás y establecer relaciones estables más adelante en la vida.[16] Sus relaciones no les proporcionan una base segura desde la que explorar el mundo, ni un puerto confiable en el que refugiarse cuando el mar está agitado en el exterior. El apego inseguro no es raro. Pero incluso si has experimentado seguridad en el apego, pueden persistir áreas de necesidad insatisfecha en tu vida y causarte algunos problemas cuando finalmente han sido reconocidas y abordadas con amabilidad. Para muchas personas, estas reacciones negativas se expresan de forma más sutil: ternura, melancolía, sensación de pesadez o vacío. Puedes observar esto en ti mismo con mayor claridad si lo haces con plena conciencia.

Lo que es importante recordar aquí es que las reacciones negativas a la amabilidad son un fenómeno normal que muchos de nosotros experimentaremos en nuestras vidas. Las reacciones negativas no son reacciones «malas», son el producto natural de nuestra historia personal. Si las experimentas, no hay nada «malo» en ti. Esta es simplemente otra oportunidad para practicar la atención consciente y despertar la compasión. En este caso, es útil tener algunas nociones básicas de práctica de *mindfulness* a las que poder recurrir. Eso te permite hacer una pausa para aceptar tu experiencia tal y como es, incluso si es dolorosa y difícil, permitiendo que la respiración adopte un ritmo calmante y que el cuerpo se suavice. Pregúntate: ¿cuál podría ser una respuesta compasiva en este momento? Puede ser una palabra amable, o puede ser un gesto, como el de poner una mano en el corazón o permitir que se forme una sonrisa interior con la que abordar la dificultad que acaba de surgir. Y si un ejercicio te resulta abrumador, siempre puedes pararlo y volver a él más tarde, cuando sientas que hay más espacio para hacerlo. Sé compasivo contigo mismo y ajusta la dosis de bondad, administrándotela a un ritmo suave. Aun así, puede ser doloroso. Sin embargo, es un dolor curativo y terapéutico. Una parte de ti mismo que no fue acogida o cuidada está reconectándose con el río de la vida.

Sacudidas en el camino

En el capítulo anterior hemos mencionado algunas de las dificultades de la práctica. No queremos desanimarte, pero aún hay más. La buena noticia es que no son una prueba de fracaso, sino *parte de la práctica*. Todos los obstáculos son un tipo de sufrimiento y, por tanto, pueden ayudar a despertar la compasión en nosotros. En realidad, habría sido más difícil desarrollar la compasión si todo fuera bien. A continuación hallarás una lista de obstáculos comunes que puedes encontrarte, con ejemplos de respuestas compasivas.

Dificultades en la práctica

Dificultades de motivación	Respuesta compasiva
Falta de motivación, de tiempo, pérdida de interés	Acoger la duda o la desconexión con la práctica. Reflexionar sobre las motivaciones y los valores profundos, y por qué quieres cultivar la amabilidad y la compasión (ver cuestionario al principio); redefine tus intenciones.

Dificultades de motivación	Respuesta compasiva
Disciplina forzada, fuerte sentido del deber o búsqueda de resultados	Reconocer la motivación del sistema de amenaza o impulso que hay detrás de tu práctica (verbos predominantes: debo, debería, debería haber, tengo que). Dar espacio al sistema de sosiego y a una actitud lúdica (verbos predominantes: permitirte, dejarte, que yo pueda, concederte, desearte).
Dificultad para elegir la práctica, sentirse abrumado por demasiados ejercicios	Observa la duda y pregúntate qué necesitas en este momento. ¿Está en consonancia con lo que tiene realmente valor para ti? ¿Qué ejercicio te parece mejor y te gustaría hacer en la próxima semana?

Expectativas que no ayudan	Respuesta compasiva
«Mi dolor desaparecerá.»	La práctica no consiste en hacer desaparecer las sensaciones desagradables, sino en acogerlas de forma compasiva. Empieza siempre allá donde estás. Prueba un deseo paradójico como «que pueda sentir este dolor/resistencia/agitación/irritación» o «que pueda vivir esta experiencia exactamente tal y como es».
«Mis deseos (de salud o alegría) se harán realidad.»	Reconocer que el apego al resultado no es útil. La práctica consiste en cultivar una actitud interior de buena voluntad, no en buscar resultados. Se trata más de buena voluntad que de experimentar buenos sentimientos. Puedes confiar en la práctica para abonar la tierra en la que pueden crecer las emociones positivas. No se puede forzar su crecimiento; llegarán a su debido tiempo. Esto será más probable si no hay esfuerzo.
«No habrá efectos adversos.»	Las reacciones dolorosas forman parte de la práctica. La «llamarada» es normal y hay que tratarla con suavidad.

Creencias que no ayudan	Respuesta compasiva
«La compasión es para los sentimentales. Me hará débil y perezoso.»	El objetivo de esta práctica no es cubrir la realidad con una capa de azúcar, sino ayudarte a afrontar la experiencia tal y como es, incluyendo lo que es difícil. Se necesita valor, fuerza y perseverancia para hacer frente a la dificultad y hacer lo necesario para aliviar el sufrimiento.

Creencias que no ayudan	Respuesta compasiva
«La autocrítica me ayuda a mantenerme fuerte y evita que cometa errores.»	La amabilidad es mejor consejera que el miedo. El miedo a cometer errores te mantiene en tu zona de confort. La bondad te invita a explorar nuevas posibilidades y a aprender de tus errores.
«Practicar con estos deseos y frases es un lavado de cerebro.»	Las neuronas que se activan juntas conectan entre sí. Entonces, ¿por qué no poner la repetición al servicio de tu bienestar? Está científicamente demostrado que la amabilidad y la compasión son para el cerebro lo que la respiración es a la vida.[17]
«La imaginación no es la realidad, no hay ninguna razón para poner tanto empeño en este tipo de prácticas.»	La imaginación no es la vida real. Sin embargo, tiene efectos reales (agradables o desagradables). Es por eso que es prudente invertir tus esfuerzos en la imaginación que produce efectos saludables.
«Como se trata de hacer frente al sufrimiento, la práctica de la compasión debe abordarse con seriedad.»	No, en absoluto. El humor, el juego, la alegría apreciativa y la sonrisa ante las imperfecciones de la vida son componentes de la práctica. Es un reto acoger los baches en el camino y no tomarlos como algo personal.

Utilizando la imaginación

El conocimiento es limitado, mientras que la imaginación está en todo el mundo.

ALBERT EINSTEIN[18]

Como trabajamos mucho con la imaginación durante el entrenamiento de la compasión, puede ser útil profundizar en cómo funciona. ¿Alguna vez te has quedado despierto por la noche, imaginando lo que puede salir mal al día siguiente, temiendo toda una serie de escenarios catastróficos? ¿O, de niño, no fuiste capaz de conciliar el sueño en Nochebuena, emocionado por todos los regalos que ibas a recibir al día siguiente? Estas imágenes, aunque no sean «reales», tienen un efecto real en nuestros cuerpos y mentes, hasta el punto de mantenernos despiertos. Al igual que los sistemas de amenaza y de impulso de nuestro cerebro antiguo anulan fácilmente nuestro sistema de sosiego y se imponen a él, la imaginación de nuestro cerebro nuevo suele centrarse automáticamente en lo que tememos o deseamos, en lugar de en lo que nos tranquiliza y reconforta. Necesitamos el *mindfulness* para poder salir de este automatismo e invitar a nuestra mente a crear imágenes que nos tranquilicen.

He aquí algunos ejemplos de cómo nos afecta la imaginación. Si estás disfrutando de una buena comida, se producen cambios en tu cuerpo, como la secreción de saliva y jugos digestivos. Esto suele ocurrir en cuanto se huele la comida o se da el primer bocado. Pero si tienes hambre y te imaginas tu comida favorita delante de ti, lo más probable es que tengas la misma respuesta fisiológica. Del mismo modo, durante las relaciones sexuales placenteras, tu cuerpo muestra signos de deseo y excitación. Sin embargo, si simplemente te imaginas haciendo el amor, tu cuerpo muestra las mismas reacciones. Nuestro cerebro antiguo y nuestro cuerpo no parecen distinguir entre los estímulos reales y los imaginarios. Esto puede funcionar tanto a nuestro favor como en nuestra contra.

En situaciones en las que se te humilla o se te critica, experimentas reacciones físicas y emocionales intensas. Basta con imaginarte a ti mismo siendo criticado o humillado para experimentar reacciones similares de estrés emocional. Y si esto se convierte en un hábito, puedes volverte cada vez más ansioso, irritable o deprimido. En cambio, si te encuentras en un entorno de cuidado y protección, te sientes cómodo, satisfecho y relajado. Las mismas reacciones pueden producirse simplemente imaginando ese entorno. Esto suele requerir un poco más de práctica que en los tres primeros ejemplos, en los que la imaginación funciona a menudo con el piloto automático.

La neurociencia contemporánea confirma que la práctica cambia nuestro cerebro. Esta capacidad del cerebro para cambiar con la experiencia se llama «neuroplasticidad».[19] Durante este proceso, las neuronas desarrollan nuevas redes.

Con el entrenamiento de la atención consciente y la compasión, podemos conseguir que nuestro cerebro trabaje para nosotros. Al alimentar el sistema de sosiego y entrenarnos para utilizar nuestra imaginación con el fin de conseguir beneficios para la salud, podemos remodelar las conexiones de nuestro cerebro. Así que aquí tienes otra práctica de imaginación que puedes probar.

Un compañero compasivo

EJERCICIO AUDIO N.º6

Puedes empezar este ejercicio con los dos primeros pasos del «Espacio de respiración con amabilidad», acogiendo con atención consciente todo lo que surja en este momento. Permite que se establezca un ritmo respiratorio relajado. Siempre puedes volver a estos dos pasos en cualquier momento.

No fuerces nada en este ejercicio, más bien adopta una actitud ligera y lúdica. Déjate sorprender por el generoso regalo de tu imaginación. Puedes empezar con una imagen de un lugar en el que te sientas seguro, sea cual sea la forma en la que se presente en este momento. Invita a todos tus sentidos a participar. Imagina un lugar que te acoja tal y como eres en este momento. Luego deja que otra imagen venga a ti, desde ese lugar o de otro, abriéndote a la presencia de un ser compasivo que realmente se preocupa por tus mejores intereses de forma sincera. Este ser puede surgir de tu memoria o de tu imaginación, o de ambas. Puede ser un ser humano, un animal, un ser natural o celestial. En cualquier caso, un ser comprometido con tu bienestar, que encarna la compasión en todas sus cualidades; un ser amable y paciente, sensible, ligero y cariñoso, sabio y comprensivo; valeroso y con una actitud resiliente ante las dificultades de la vida, que se mantiene firme a tu lado en los momentos de necesidad, que te acepta tal y como eres, con todas tus imperfecciones y potencialidades; que te desea lo mejor de todo corazón y que está dispuesto a aliviar tu dolor en la medida de lo posible.

¿Cómo es tu compañero compasivo? ¿Qué color, qué forma tiene? ¿Es alto o bajo? ¿Viejo o joven? ¿Mujer o varón? ¿Dónde se sitúa en el espacio? ¿Delante, al lado o detrás de ti? ¿A qué distancia? La claridad de la imagen visual puede variar, y varias imágenes pueden ir y venir. Si este amigo compasivo te mirara, ¿cómo te imaginarías la expresión de sus ojos, de su cara? Quizá otros sentidos se destaquen más, como una sensación de presencia o de atmósfera, o quizá un aroma o fragancia. ¿Cómo se dirigiría a ti este ser? ¿Cuál sería el sonido de su voz?

¿Qué sientes al imaginarte con este ser compasivo? ¿Qué efectos notas en el cuerpo, la cara, el pecho, el vientre, los brazos y las piernas? ¿Qué pasa con los pensamientos y las emociones, la mente, el estado de ánimo? Solo imagina que este ser realmente disfruta de tu presencia y tu compañía. No importa cómo seas, te acoge con todo su corazón. ¿Cómo sientes todo eso? Y recuerda, esto es solo un ejercicio. A veces puede ser difícil conectar con ello; o las imágenes pueden ser variables y fugaces.

Observa tu capacidad de respuesta a lo que surge en ti, tus «me gusta» y tus «no me gusta». Reconoce y acoge todo lo que se presente, agradable o desagradable, alegre o triste, tus tendencias a aferrarte o a rechazar. Vuelve a la pausa consciente en cualquier momento, permite que la respiración te calme y cuando sientas el espacio para intentarlo de nuevo, regresa a la práctica basada en la visualización en la que imaginas de nuevo que este ser compasivo te acompaña en la experiencia presente, tal y como la estás viviendo en este momento.

No camines delante de mí, puede que no te siga.
No camines detrás de mí, puede que no te guíe.
Camina a mi lado y sé mi amigo.

Anónimo

Puedes continuar con este ejercicio de imaginar a un amigo compasivo durante unos momentos. Cuando estés preparado, termina, tomándote el tiempo para expresar tu gratitud o una despedida, a tu manera, y dejar que la imagen se desvanezca. Puedes volver a esta práctica de imaginar un compañero compasivo en cualquier momento. Donde quiera que estés y como quiera que se manifieste en cada momento.

PREGUNTAS PARA REFLEXIONAR

HOJA DE TRABAJO N.º 7

- ¿Qué ser ha aparecido durante el ejercicio?
- ¿Qué cualidades de los sentidos estaban más claramente presentes: vista, oído, olfato, tacto?
- ¿Qué sensaciones físicas, emociones y pensamientos has observado?
- ¿Cómo ha sido imaginar que este ser compasivo te apreciaba de verdad?
- ¿Qué notas ahora, reflexionando sobre el ejercicio?
- ¿Cuál sería un deseo bondadoso hacia ti mismo en este momento?

Si lo deseas, puedes continuar con la «Meditación de la amabilidad hacia ti mismo» esta semana, o puedes extender esta práctica a otra persona. Tradicionalmente, el siguiente paso en esta práctica es extender la bondad a un benefactor.

Meditación de la amabilidad: un benefactor

EJERCICIO AUDIO N.º 7

Empieza por ser amable contigo mismo.

A continuación extiende la práctica a otra persona. Deja que aparezca en tu mente la imagen de alguien a quien consideres amable y bondadoso, un ejemplo de sabiduría y compasión, ya sea alguien vivo o muerto. Puede ser un familiar querido, un profesor, una figura inspiradora, histórica, religiosa o política. Alguien que irradia bondad en el mundo. Puede ser útil imaginar a esta persona frente a ti, a una distancia adecuada, e imaginar que la miras a los ojos. ¿Cómo te afecta? A continuación empieza a repetir suavemente deseos amables hacia esa persona. Adopta un ritmo de respiración calmante si lo deseas. Por ejemplo, al inhalar puedes decir: «que puedas», y al exhalar: «sentirte seguro / sano / cómodo» o cualquier otro deseo que salga de tu corazón y conecte con esta persona.

Repite suavemente este deseo, prestando atención al efecto de esta práctica en tu cuerpo, pensamientos y emociones. Si surgen emociones difíciles —por ejemplo, puedes sentirte triste porque echas de menos la presencia de este benefactor o porque estás preocupado por su bienestar—, entonces siéntete libre de hacer una pausa consciente, permite que la respiración vuelva a su ritmo calmado y conecta con un deseo amable o compasivo hacia ti mismo.

Cuando sientas que tienes suficiente espacio para regresar a la práctica, reanuda tus deseos amables hacia esa persona. «Que estés libre de sufrimiento / seas feliz / estés en paz» y así sucesivamente.

Tal vez quieras extender esta práctica a otros benefactores y continuarla un tiempo más para luego terminarla cuando sea el momento adecuado para ti.

Agenda: El sistema de amenaza

EJERCICIO

Esta semana anota específicamente los momentos en los que el sistema de amenaza se activa espontáneamente en la vida cotidiana. Intenta explorar conscientemente estas reacciones a la amenaza, preguntándote cuál podría ser una respuesta compasiva. Puedes anotar tus experiencias en la hoja de trabajo N.°8.

PREGUNTAS PARA REFLEXIONAR

HOJA DE TRABAJO N.°8

- ¿Cómo y cuándo tomaste conciencia del sistema de amenaza?
- ¿Qué sensaciones físicas has notado?
- ¿Qué pensamientos y emociones has notado?
- ¿Qué notas ahora al reflexionar sobre esta experiencia?
- ¿Cuál podría ser una respuesta compasiva?

Resumen del capítulo 2

Exploramos las reacciones instintivas de lucha, huida y bloqueo, así como la reacción menos conocida de cuidar y hacer amistad (*tend & befriend*). Mostramos cómo las amenazas físicas y psicológicas pueden provocar el mismo tipo de reacción al estrés. Reflexionamos sobre cómo desarrollar la autocompasión y utilizar nuestra imaginación para ello. Identificamos las trampas y los malentendidos que podemos encontrar en el proceso de desarrollo de la autocompasión, incluido el fenómeno de la «llamarada» (*backdraft*).

Sugerencias para la práctica

Formal

- Explorar el ejercicio «Abordar la resistencia con compasión» en diferentes situaciones de estrés. (Audio N.°4 y HT N.°6.)
- Practicar «Un compañero compasivo». (Audio N.°6 y HT N.°7.)
- Practica regularmente la «Meditación de la amabilidad hacia ti mismo y hacia un benefactor». (Audio N.°7.)
- Practica regularmente un ejercicio de atención consciente al que estés acostumbrado (escaneo corporal, yoga, meditación sentada, caminar), así como los ejercicios del capítulo 1, prestando especial atención a tu actitud interior mientras los practicas.

Informal

- Utiliza el «Recordatorio de la autocompasión» cuando sea necesario.
- Practica el «Espacio de respiración con amabilidad» de forma regular. Cuando te encuentres con dificultades o emociones dolorosas, puedes practicar el «Espacio de respiración compasiva». (Audio N.°5).
- Ejercicio: rellena la agenda «El sistema de amenaza». (HT N.°8.)

Sé suave

Sé suave contigo mismo estos días.
A veces las corrientes subterráneas
traen confusión a nuestros corazones.

Y sin darnos cuenta,
nos deslizamos suavemente sobre ellas,
 pero nos preguntamos por qué estamos cansados,
enfadados o resentidos.

Siéntate
con tu sabia abuela
y déjate volver a ser un niño pequeño en sus brazos
y deja que lo que tenga que pasar pase.

Y, cuando esa niño
haya terminado de llorar,
ponlo suavemente de pie una vez más
y regrésalo con gentileza al mundo.

Y siéntate como solo las abuelas saben hacer,
tranquilas y bien ancladas,
sabias con ojos brillantes
en medio de los altibajos
de este loco mundo.

«Be gentle»,
RACHEL HOLSTEAD

3

Tratar los hábitos con amabilidad

Sesión 3: Desenredando los deseos y los patrones

Es la perfección misma del hombre descubrir sus propias imperfecciones.

San Agustín

En el capítulo anterior recibiste la invitación de explorar diferentes paisajes interiores. Paisajes conformados por amenazas externas o internas, y otros paisajes con imágenes más tranquilizadoras, como las de los ejercicios «Un lugar seguro» o «Un compañero compasivo». Quizá hayas notado cómo estos paisajes pueden ser cambiantes, sintonizándose con las condiciones del clima interior. En este capítulo exploraremos otros paisajes interiores. Comenzaremos por los relacionados con el sistema de impulso.

El valor de Ulises

¿Has oído alguna vez la historia de Ulises y las sirenas, contada por Homero?[1] Las sirenas eran criaturas bellísimas, pero muy peligrosas. Sus cantos hechizaban a los marineros y los atraían a sus arrecifes. Los marineros, que no podían resistirse a ellos, acababan muertos y las sirenas utilizaban sus huesos para fabricar sus instrumentos musicales. Ulises, habiendo aceptado el reto de resistir a las sirenas, ordenó a su tripulación que lo atara firmemente al mástil, para que no le fuera posible abandonar la nave. Sus hombres se protegieron tapándose los oídos con cera. Ulises se vio totalmente expuesto al hechizante canto y al doloroso deseo mientras navegaba cerca de la isla de las sirenas. Sin embargo, sobrevivió a la prueba y aprendió así que incluso el deseo más fuerte puede acabar desvaneciéndose.

Para realizar el siguiente ejercicio,[2] necesitarás algo del valor de Ulises para explorar la naturaleza del deseo. A diferencia de él, te sugerimos que comiences con un deseo de intensidad modesta y lo explores con atención consciente.

Abordar el deseo con compasión

EJERCICIO AUDIO N.°8

Elige una postura cómoda y empieza con los pasos 1 y 2 del ejercicio «Espacio de respiración con amabilidad».

En este ejercicio te invitamos a explorar un área de tu vida en la que el deseo o el apego estén asociados con una experiencia de malestar que puede ser fuente de sufrimiento para ti.

Elige algo que te sientas cómodo explorando en este momento. Estos son algunos ejemplos, en caso de que no se te ocurre nada en particular: puede ser un impulso de comer alimentos poco saludables, fumar o beber alcohol; o el deseo de comprar cosas que realmente no necesitas, de jugar o apostar, de revisar el correo electrónico compulsivamente, de navegar por Internet o de seguir las redes sociales. También puede ser un deseo sexual o un deseo de ser visto y reconocido por los demás, una necesidad de tener éxito, de ser espiritual o de ser admirado. Puede ser un deseo que experimentas regularmente en su vida diaria y al que te resulta difícil resistirte. Algo que fácilmente te hace sentir frustrado, avergonzado o culpable cuando estás en sus garras.

A continuación, si te viene a la mente un ejemplo, intenta revivirlo recordando una situación reciente en la que ese deseo te haya invadido y haya sido omnipresente.

Imagínate sintiendo ese deseo ahora, como si estuvieras de nuevo en esa situación. La propuesta es que imagines que este deseo es cada vez más fuerte y que, aunque el objeto de tu deseo está cada vez más cerca, te resistes a la tentación de satisfacerlo. Ahora explora el paisaje interior de este deseo con la curiosidad de un explorador. Ábrete a cada uno de sus detalles.

¿Cómo afecta este deseo a tu cuerpo y a tu postura? ¿Qué pasa en tu cara, en tu pecho, en tu estómago? ¿Qué sucede con los músculos de las diferentes partes del cuerpo? ¿Qué pasa con tu estado de ánimo y tu humor?

Cuando observes la naturaleza de este deseo, hazte algunas preguntas, sin buscar necesariamente las respuestas. Tal vez no haya respuestas. O quizá haya varias. Ambas cosas son posibles. Simplemente déjate sorprender. Pregúntate: ¿hay algo detrás de este deseo? ¿Quizá hay una emoción o necesidad más profunda detrás de él? ¿Qué está pasando realmente bajo la superficie de las cosas? ¿Hay una nostalgia, un anhelo más profundo de algo que realmente valoras?

Escucha las respuestas con tu corazón, mientras te repites suavemente estas preguntas de diversas formas. Si no surge nada en particular, simplemente continúa explorando la naturaleza del deseo a medida que surge, momento a momento, mientras observas tus reacciones. Luego vuelve a sondear tu corazón, busca lo que resuena en ti a medida que la pregunta se vuelve más y más profunda.

Si algo se presenta, te invitamos a responder a ello con un deseo amable y compasivo. Conecta con las necesidades más profundas que hay en ti, como un ser humano vulnerable que comparte las mismas necesidades que muchos otros seres humanos. Simplemente acoge lo que surge. Quizá un deseo de calma y paciencia, un deseo de consuelo, comprensión o conexión, o simplemente de estar con otra persona.

Luego repite suavemente ese deseo amable para ti mismo, si lo deseas, en sintonía con un ritmo de respiración calmado, ofreciéndote este regalo a ti mismo y sintiendo cómo lo recibes. Continúa durante todo el tiempo que quieras.

PREGUNTAS PARA REFLEXIONAR

HOJA DE TRABAJO N.º9

- ¿Qué área de deseo o apego has explorado?
- ¿Qué sensaciones físicas, pensamientos y emociones has observado?
- ¿Qué respuestas surgieron a la pregunta: «¿Hay algo en la raíz de este deseo?»?
- ¿Qué has deseado para ti? ¿Cómo fue recibido este deseo en tu interior?

MINDFULNESS CON CORAZÓN

- ¿Qué ocurre ahora cuando piensas en el ejercicio?
- ¿Cuál podría ser un deseo amable y compasivo para ti en este momento?

Surfear la sensación de urgencia

No debes abordar este ejercicio con la expectativa de encontrar siempre una razón oculta que necesite ser analizada detrás de cada deseo cotidiano. Una forma de ver el deseo puede ser simplemente estar presente en él sin ceder a él. El hecho de cabalgar la ola del deseo creciente con plena consciencia, alcanzando un pico antes de calmarse, a veces recibe el nombre de «surfear el impulso».[3] Puede ser útil explorar lo que hay debajo de la superficie mientras se hace el ejercicio. Otra forma puede ser ceder al impulso con amabilidad, pero observando el proceso con atención y tomando nota de lo que se te va revelando, momento a momento. A menudo reprimimos o satisfacemos nuestros deseos de forma mecánica, en modo piloto automático. Ser plenamente consciente del proceso puede suponer una gran diferencia. Desarrollamos más sensibilidad observando la naturaleza del deseo y de la satisfacción.

I can't Get No satisfaction

Así cantaban los Rolling Stones en el año 1965 en los primeros versos de su famosa canción, cuya traducción en español sería: «No puedo lograr ninguna satisfacción».

Desde una perspectiva evolutiva, el sistema de impulso está diseñado para asegurar que obtengamos todo lo que podamos, cuando podamos. Nuestros antepasados vivieron habitualmente en la escasez, por eso era importante contar con un sistema de recompensa fuerte que les incitara a cazar presas. El desarrollo de un fuerte apetito por la comida y el sexo aumentaba nuestras posibilidades de supervivencia como individuos y como especie. Conseguir lo que queremos nos proporciona una satisfacción inmediata, pero efímera, lo que nos lleva a buscar repetir la experiencia una y otra vez. Cuando la penuria es la norma, no está de más comer todo lo posible. La siguiente comida puede tardar mucho tiempo en llegar. El llamado sistema de saciedad, que nos informa de que ya hemos comido lo suficiente, es por tanto bastante poco sensible.[4] No tiene sentido juzgarnos por ello, simplemente somos como somos, y no es culpa nuestra. Sin embargo, los hábitos que son útiles en épocas de escasez de alimentos pueden resultar problemáticos en épocas de abundancia. Algunos deseos pueden hacernos mucho daño si cedemos a ellos. En la actualidad estamos rodeados de comida. Si seguimos ciegamente nuestros deseos, podemos comer en exceso con facilidad, lo que puede conducirnos a la obesidad, la diabetes y las enfermedades cardiovasculares. Es una inadecuación evolutiva que nos lleva a consumir más de lo que necesitamos. Y algo que también puede provocar problemas en otros ámbitos. Podemos tener un apetito voraz por todo tipo de placeres, y por el dinero que puede proporcionarlos. El mismo razonamiento se aplica a la información y el conocimiento, la admiración y el éxito, los seguidores y los *likes* en las redes sociales.

Gestionar nuestros deseos con compasión y sabiduría puede ahorrarnos mucho sufrimiento. Surfear las olas de nuestros deseos con atención consciente puede ayudarnos a comprender, como logró Ulises, que incluso los deseos más fuertes acaban por desvanecerse. Detectar, con *mindfulness*, cuándo nuestros deseos están satisfechos puede ayudarnos a identificar cuándo no necesitamos más.

Hábitos y patrones

Existe una historia de un pueblo nativo de América en la que un viejo sabio le enseña a su nieto las cosas de la vida. Le dice: «En lo más profundo de mí hay una lucha constante entre dos lobos. Uno es malo. Está lleno de rabia, miedo, victimismo, celos, codicia, engaño y egoísmo. El otro lobo es bueno. Es todo bondad, alegría, amor, esperanza, generosidad, honestidad y pasión. Es una batalla terrible. Esta misma lucha se libra dentro de ti y dentro de cada ser humano». El nieto piensa un momento en lo que acaba de escuchar y luego pregunta: «¿Cuál de los dos lobos gana?». El anciano sonríe y se limita a responder: «El que tú alimentas».

Este relato nos recuerda que en la vida podemos elegir las cualidades que queremos alimentar, cultivándolas cuidadosamente y dedicándoles tiempo y energía. Sin embargo, desarrollamos muchos hábitos sin elegirlos conscientemente. Estos hábitos nos ayudan a afrontar con mayor eficacia las circunstancias recurrentes. Piensa en lo complicado que sería tener que volver a aprender a lavarse los dientes o a conducir un coche cada día. Realizar estas tareas en piloto automático ahorra mucha energía. Los hábitos se fortalecen con la repetición y se arraigan más en nuestro cerebro. Y cuanto más fuerte sea la red neuronal, más fácil será repetir estos hábitos. Los dos cerebros están igualmente implicados.

Los patrones internos son hábitos persistentes de nuestros modos de pensar, sentir y comportarnos. También se denominan modelos mentales (*mindsets*), modos de pensar, patrones o guiones, y nos permiten tener un modelo de vida en nuestra compleja sociedad. Son mezclas de instintos de nuestro cerebro antiguo y propiedades de nuestro cerebro nuevo, como la imaginación, el pensamiento y el razonamiento. Nuestro cerebro nuevo nos permite formar imágenes mentales, inventar historias sobre nosotros mismos, sobre los demás y sobre el mundo en que vivimos. Estos patrones surgen automáticamente cuando las circunstancias lo requieren. Esto es útil siempre que el patrón sea apropiado para la situación, pero puede causar muchos problemas si no se ajusta. Los patrones más evidentes han evolucionado con las relaciones interpersonales. Algunos son característicos de culturas enteras y otros son más específicos de pequeños grupos, familias o individuos. Algunos patrones parecen tan universales que son comunes a muchas culturas, pasadas y presentes. Giran en torno a temas que son importantes en todas las sociedades, como el poder y la sumisión, la autoridad y la obediencia, la rivalidad y el rango, el cuidado y la crianza y los roles de las mujeres y los hombres.[5] Incluso estos patrones pueden cambiar con el tiempo, dependiendo de cómo se alimenten. Los patrones que aprendimos en la primera infancia actúan sobre todo de forma inconsciente. Están tan arraigados que son difíciles de desaprender. Afortunadamente, la práctica de la atención consciente puede ayudarnos a tomar conciencia de ellos. Entonces es más fácil dejar de alimentarlos y responder a los imperativos de la vida en el momento presente.

Tres modos básicos

Los siguientes diagramas son un modelo útil para explicar los patrones, diferenciando sus seis componentes. Hay una motivación básica que estimula nuestra imaginación, centra nuestra atención, guía nuestro razonamiento, dicta nuestro comportamiento e influye en nuestras emociones. Aquí damos tres ejemplos de patrones, inspirados en el trabajo de Paul Gilbert, en los que el sistema de regulación emocional del cerebro antiguo interactúa con las funciones del cerebro nuevo.[6]

Modo de amenaza

Si aprendemos a ver el mundo como un lugar lleno de palos que pueden hacernos daño, desarrollamos fácilmente el modo de amenaza (figura 3.1). Nuestra principal motivación es protegernos, estamos constantemente en guardia y nuestra atención se centra en las señales de peligro. Las amenazas pueden venir del exterior, como cuando nos sentimos avergonzados, culpados o rechazados por los demás. También pueden venir del interior, cuando nos enfrentamos al dolor emocional. Creamos imágenes e historias sobre lo que salió mal y podría volver a salir mal. Nuestro comportamiento es de evitación o resistencia, y nos sentimos ansiosos, irritables o desconfiados. La base de todo nuestro pensamiento se sostiene en una hipersensibilidad al peligro y una desconfianza hacia los demás. Desde luego, este no es el tipo de paisaje interno en el que uno quiere permanecer mucho tiempo.

Figura 3.1: El modo de amenaza

El modo de amenaza es, por desgracia, el escenario dominante para muchas personas. A veces las razones son obvias, como vivir en una zona de guerra o haber sufrido una catástrofe natural. Al menos en estos casos, las personas pueden apoyarse mutuamente, motivadas por la reacción cuidar y hacer amistad (*tend & befriend*). A veces la razón de la dominancia de un sistema de amenaza es menos obvia. Proceder de un entorno familiar inestable, haber sufrido un trauma personal como un abuso sexual o violencia psicológica, haber sido acosado en la escuela o explotado en el trabajo, son solo algunos ejemplos. En estos casos, uno puede sentirse mucho más aislado, a veces se ha sufrido en silencio durante años. Muchos agravan su propia sensación de amenaza juzgándose a sí mismos con crueldad. En breve veremos esto con más detalle.

Modo de competición

El modo de competición es otro patrón bastante común (figura 3.2), que suele desarrollarse cuando aprendemos a percibir el mundo como un lugar lleno de zanahorias atractivas. En este caso, la superación personal y el enriquecimiento son las motivaciones básicas. Nuestra atención está ocupada por recompensas potenciales originadas en el exterior, como ser apreciado y admirado, alcanzar un alto estatus social; o por recompensas interiores, como sentimientos de placer y de satisfacción.

Nuestras fantasías giran en torno al éxito y la gloria; nos esforzamos y competimos por obtener mejores resultados, y nuestras emociones oscilan entre la codicia y la excitación, por un lado, y la frustración y los celos, por otro. Nuestro pensamiento está influenciado por todos estos factores.

Figura 3.2 El modo de competición

MINDFULNESS CON CORAZÓN

Este paisaje interior puede experimentarse como menos tenso que el del modo de amenaza, pero está lejos de ser tranquilo y pacífico. Los sentimientos de satisfacción son agradables, pero no duran mucho. En este escenario siempre hay más necesidades que satisfacer, y otro vaso medio vacío que hay que llenar hasta el borde. Este modo de competición es alimentado continuamente en nuestra cultura occidental moderna, que valora y fomenta la individualidad y presiona para que logremos la realización personal. Nos esforzamos por obtener mejores resultados, más éxito, más ingresos, más amigos, más certificados, más posesiones, más, más, más; incluso, más autoestima. Las semillas pueden haber sido plantadas en nuestra familia y luego cultivadas en la escuela. Hoy en día no hay muchos profesores en las escuelas que crean que los castigos duros producen mejores resultados. El uso de la recompensa en la educación es, sin duda, un progreso en relación a los antiguos métodos de enseñanza. Sin embargo, si la autoestima se convierte en una meta en sí misma y depende de la aprobación de los demás, será difícil sentirse cómodo, ya que el modo de amenaza se activará fácilmente. Los niños, en particular, pueden sentirse divididos entre la necesidad de ser los primeros y el miedo al fracaso. Esto no es en absoluto una buena receta para la felicidad.

Modo de cuidado

Investigaciones recientes sugieren que la autoestima no es *la causa* de mejores logros, sino *el resultado*. De hecho, la autocompasión parece estar más fuertemente asociada a la felicidad y a mayores logros que la autoestima.[7] La autocompasión fomenta la conexión social en lugar de la competencia. También promueve la conciencia de nuestra humanidad común. ¿Qué pasaría si las escuelas y las familias valoraran la autocompasión más que la autoestima, y crearan un entorno en el que los niños aprendieran a cooperar en lugar de competir? Estar menos centrado en el resultado y sentirse cómodo proporciona más espacio para la curiosidad, la creatividad y el aprendizaje. Los adultos también prosperan más en un entorno de cuidado que en uno competitivo. A corto plazo, las empresas que cuidan de sus empleados y del medio ambiente pueden obtener menos beneficios, pero son más sostenibles a largo plazo, como han demostrado académicos como Thupten Jinpa[8] y Matthieu Ricard.[9]

Así que incluso para la economía puede ser bueno cultivar la compasión en lugar de la competencia.

Figura 3.3 El modo de cuidado

La figura 3.3 nos muestra cómo podría ser un modo de cuidado. La preocupación por el bienestar y la conexión social podría ser la motivación básica. Nuestra atención ya no se centraría en palos y zanahorias, sino que estaría abierta y atenta a nuestras propias necesidades y a las de los demás. Una actitud sin prejuicios sería el punto de partida de nuestro pensamiento, dando espacio a nuevas perspectivas y posibilidades. No nos centraríamos en nuestro pasado, sino que miraríamos al futuro con una mentalidad positiva, viendo el vaso medio lleno, no medio vacío. Nuestro comportamiento sería afectuoso y respetuoso, y nuestras emociones estarían marcadas por la tranquilidad, la satisfacción y la gratitud.

Ama a tu crítico interno como a ti mismo

Al igual que desarrollamos hábitos o patrones en nuestra relación con los demás y con el mundo que nos rodea, también desarrollamos patrones en la forma de dirigirnos a nosotros mismos. En el capítulo anterior ya hemos descrito nuestra tendencia a criticarnos y a autodirigirnos el sesgo de negatividad. A menudo nos miramos a nosotros mismos de manera crítica, proyectando imágenes mentales de lo que somos y lo que deberíamos ser. Comparamos las dos imágenes, y cuanto mayor es la discrepancia, más fuerte es nuestra tendencia a criticarnos.

O bien juzgamos nuestro yo real con severidad: «no sirves para nada», «eres tan estúpido...», «solo eres un perdedor»; o bien nos esforzamos por convertirnos en ese yo ideal: «puedes hacerlo mejor», «debes destacar entre la multitud» o «debes hacer que tus padres se sientan orgullosos». De esta forma, activamos nuestro modo de amenaza o nuestro modo de competición, o ambos. Muchas personas lo hacen constantemente, por costumbre. Se desarrolla un crítico interno, o peor todavía, un matón o acosador interno, raramente satisfecho, que persiste en atormentarnos, persiguiéndonos por las más insignificantes de nuestras imperfecciones.

Como suele ocurrir, tener un crítico interno debe tener necesariamente algunos beneficios. Los participantes que se forman en el programa MBCL no suelen tener dificultades para identificar algunos.

Dicen, por ejemplo:
- Es mejor que me critique a mí mismo antes de que lo hagan los demás.
- Evita que los demás me rechacen.

- Me impide cometer errores.
- Me ayuda a rendir más.
- Todos somos así en nuestra familia.

Por lo tanto, puede haber una motivación de autoprotección detrás de la autocrítica. El crítico interno puede estar simplemente tratando de ayudarnos. Sin embargo, cuando se vuelve descontrolado, adopta un tono hostil y la autocrítica se convierte en odio y desprecio hacia uno mismo. El crítico interno se convierte en un auténtico acosador. Al igual que es difícil vivir y respirar en zonas contaminadas del mundo exterior, es difícil sentirse cómodo en un paisaje interior constantemente envenenado por comentarios negativos. Defendernos de nuestro crítico interno con reproches y juicios solo añadiría más de lo mismo. Entonces, ¿hay alguna manera de hacerse amigo de nuestro crítico interno y limpiar esta contaminación interior?

Un primer paso podría ser comprender las emociones subyacentes que alimentan este crítico interno.

Las emociones de la autoconciencia

En el transcurso de la evolución, junto con el desarrollo de la autoconciencia y la conciencia de cómo vemos a los demás, hemos desarrollado lo que se llama «las emociones de la autoconciencia».[10] Se trata de emociones como la vergüenza, la culpa, el pudor, la timidez, la envidia o el orgullo. El crítico interno se alimenta en gran medida de las emociones relacionadas con una evaluación negativa de uno mismo. Estas emociones, como todas las demás, no son ni buenas ni malas. Aunque son desagradables de sentir, pueden darnos mensajes importantes que nos ayudan a adaptarnos a los demás y así asegurar nuestra posición en el grupo. Aquí están las emociones más importantes de este tipo.

Vergüenza

Puede ser muy poderosa. La vergüenza es una emoción bastante arcaica, evolutivamente hablando, ya que se observa en otros mamíferos, como los grandes simios y los perros. Cuando cometemos un acto socialmente inaceptable, podemos sentir un gran miedo al rechazo, y esta experiencia de amenaza puede ser tan devastadora que acabamos deseando desaparecer bajo tierra. Las situaciones en las que nos sentimos avergonzados ante los demás pueden ser muy traumáticas. Sin embargo, existe una forma saludable de vergüenza, que en realidad es muy útil para la supervivencia del grupo. Las personas sin vergüenza pierden rápidamente el respeto de los demás, mientras que las que son sensibles a la vergüenza sienten la necesidad de adaptarse a las normas de su grupo. Esto sugiere que incluso esta emoción tan desagradable puede ser una amiga, ya que protege al grupo de comportamientos antisociales y nos salva de ser rechazados. Brené Brown, que ha investigado mucho sobre la vergüenza, recomienda que aceptemos esta emoción abiertamente, con el valor de ser vulnerables.[11]

Culpa

La culpa es una emoción más sofisticada que la vergüenza, y se desarrolló más tarde en el transcurso de la evolución, junto con la capacidad de sentir empatía. Necesitamos comprender los efectos de nuestro comportamiento en los demás para sentirnos culpables. Mientras que el mensaje de la vergüenza es «*eres* inaceptable», el mensaje de la culpa es «*lo que has hecho es* inaceptable». Un sano sentimiento de culpa nos motiva a enmendar nuestros errores y a reparar nuestras relaciones con los demás. Sin embargo, la culpa se vuelve destructiva cuando la vergüenza se superpone y nos juzgamos con una dureza innecesaria por nuestros errores. «He hecho algo malo» se convierte así en «soy malo». Entonces, puede surgir un gran miedo a cometer errores, lo que dificulta los nuevos aprendizajes.

Timidez y azoramiento

El mensaje de la vergüenza es: «Tu comportamiento es torpe o estúpido». El sentimiento de timidez da el siguiente mensaje: «Será mejor que no atraigas la atención de los demás y que les dejes todo el espacio». Este sentimiento es quizá menos devastador que la vergüenza, pero puede ser muy perturbador y desagradable. Mientras que la vergüenza evoca el miedo a descender en la escala social, la timidez está relacionada con el miedo a ascender en la escala social y ser demasiado visto. En las sociedades competitivas, la gente tiende a avergonzarse de su timidez, pero la timidez tiene una gran ventaja evolutiva. Desarma fácilmente a los demás y nos ayuda a ser aceptados. Los grupos funcionan mejor cuando no todos los individuos están en primera fila. Las personas tímidas aumentan la estabilidad de un grupo. Suelen ser más sensibles socialmente y emocionalmente más inteligentes que aquellas que son audaces.[12]

Envidia y celos

Cuando otra persona tiene algo que codiciamos, podemos sentir envidia. El mensaje de la envidia es: «Los demás van por delante de ti, no te dejes adelantar». Nos anima a ser competitivos. Podemos distinguir la envidia de los celos. Nos sentimos celosos cuando alguien importante para nosotros se interesa por otra persona. Nos sentimos impulsados a ser más posesivos con esa persona por miedo a perderla.

Orgullo y vanidad

El orgullo transmite el mensaje: «Eres grande, ¡bravo!». El lado positivo es que nos ayuda a asegurar nuestra posición, el lado negativo es que los demás nos envidian. Y cuando el orgullo se convierte en vanidad, corremos el riesgo de perder la simpatía de los otros. Sin embargo, cuando nunca sentimos un orgullo sano, somos más vulnerables a nuestro crítico interno.

No mates a los mensajeros

Las emociones de la autoconciencia sirven a nuestro funcionamiento en grupo, regulando nuestro rango y posición. Forman parte de nuestro diseño como seres sociales y ¡no son culpa nuestra! Pueden llegar a ser destructivas cuando son alimentadas por historias del cerebro nuevo que te dicen que no eres bueno. Un crítico interno demasiado entusiasta suele malinterpretar los mensajes de las emociones autoconscientes. Los convierte en historias de vergüenza, culpa y fracaso, con las que te identificas, y esto solo aumenta los pensamientos y sentimientos negativos hacia ti mismo y te lleva a un círculo vicioso de sufrimiento.

Si quieres suavizar la relación con tu crítico interno, hacerte amigo de estas emociones incómodas es un buen comienzo. Son mensajeros que han evolucionado para ayudarte a sobrevivir como ser social. Si reconoces conscientemente que son sentimientos a medida que van surgiendo y reconoces los comentarios autocríticos como pensamientos, no como hechos, evitarás identificarte demasiado con ellos. De este modo, podrás crear un espacio desde el que abordar compasivamente las emociones y los pensamientos que te molestan, escuchando el mensaje útil que puedan tener, al tiempo que evitas que contaminen tu entorno interior.

Podemos contar muchas historias autocríticas o poco útiles sobre nosotros mismos. Los guiones que aprendimos cuando éramos jóvenes pueden ser particularmente poderosos e inapropiados. El siguiente ejercicio ilustra cómo puedes aprender a conectar compasivamente con estos patrones internos.

Abordar los patrones internos con compasión

HOJA DE TRABAJO N.°10

1.ª parte. Reconocer los patrones internos

Lee una a una las diecinueve frases de la siguiente lista. Haz una pausa después de cada frase y dale una puntuación en la columna «Reconocimiento»: 1 = no lo reconozco en absoluto en mi vida; 2 = lo reconozco un poco; 3 = lo reconozco bastante; 4 = lo reconozco bien; 5 = lo reconozco completamente. Al darle una puntuación, sigue tu primera inclinación y presta más atención al sentido de las frases que a las palabras precisas. Puntúa lo que sientes de manera general con la frase en vez de pensar mucho sobre ello.

Patrón interno	Reconocimiento				
1. Mis relaciones íntimas van a terminar porque la gente es poco fiable y poco predecible.	1	2	3	4	5
2. Pienso que los demás me van a herir y van a aprovecharse de mí.	1	2	3	4	5
3. Me parece que no obtengo de los demás lo que necesito (calidez, atención, comprensión, protección, apoyo).	1	2	3	4	5
4. Tengo muchos defectos, no soy bueno, cabal, no merezco que los demás me quieran.	1	2	3	4	5
5. Estoy solo en este mundo. Soy diferente de los demás. No encajo.	1	2	3	4	5
6. Resulto aburrido y nada interesante para los demás; no me quieren en su compañía.	1	2	3	4	5

Patrón interno	Reconocimiento

7. No soy capaz de vivir mi vida; necesito   1 2 3 4 5
ayuda para cuidarme a mí mismo y tomar
decisiones.

8. Podría ocurrir un desastre en cualquier   1 2 3 4 5
momento, y no seré capaz de hacerle
frente.

9. Me siento vacío, confuso, perdido, sin   1 2 3 4 5
guía de parte de mis mayores.

11. Merezco todo lo que pueda conseguir;   1 2 3 4 5
los demás tienen que tener en cuenta mis
deseos.

12. Me frustro con facilidad, reacciono   1 2 3 4 5
impulsivamente y arrojo fácilmente la
toalla.

13. Me adapto a lo que los demás quieren   1 2 3 4 5
de mí por miedo a que se enfaden o me
rechacen.

14. Reprimo mis necesidades y emociones   1 2 3 4 5
para ser así más útil a los demás.

15. Para mí, todo gira alrededor de obtener   1 2 3 4 5
el reconocimiento y aprecio de los demás.

16. Pienso que todo lo que pueda salir   1 2 3 4 5
mal saldrá mal, y que mis decisiones no
surtirán efecto.

17. Prefiero no mostrar a los demás mis   1 2 3 4 5
sentimientos (positivos o negativos)
y adoptar más bien un enfoque más
racional.

18. Soy un perfeccionista, necesito pasar   1 2 3 4 5
el tiempo de manera eficaz y atenerme
estrictamente a las normas.

19. Soy impaciente con los demás y   1 2 3 4 5
conmigo mismo, y partidario de que se
castigue a la gente por sus errores.

(Reproducido y adaptado con permiso de «Mis patrones», en C. K. Germer, *The mindful path to self-compassion*, Guilford Press, 2009. Traducido en español: *El poder del mindfulness*, Paidós, Barcelona 2011.)

2.ª parte. Meditación guiada: Abordar los patrones internos con compasión

AUDIO N.º 9

Una vez hayas rellenado el cuadro de los patrones internos, siendo consciente de la impresión general que te produce cada frase, elige una de las diecinueve.

Puede ser una de las que hayas puntuado más alto, y especialmente, una que estés dispuesto a explorar en profundidad durante la meditación guiada que sigue. Léela de nuevo y deja que resuene en ti.

Elige una postura cómoda, con los ojos cerrados si lo deseas, y haz una pausa con plena conciencia, permitiendo que la respiración encuentre un ritmo tranquilizador.

Ahora recuerda una situación reciente en la que el patrón que has elegido estaba claramente presente. Imagina que estás reviviendo esta situación. ¿Estabas solo o con otras personas? ¿Qué detalles recuerdas? Explora las sensaciones físicas, las emociones, los pensamientos y las creencias que están presentes cuando se activa el patrón. ¿Hay algo que intentas hacer o que evitas hacer? ¿Algo que te gustaría expresar o callar? ¿Un impulso o una resistencia? ¿Reconoces alguna emoción en particular relacionada con cómo te ves a ti mismo en esta situación o cómo crees que te ven los demás?

A continuación reflexiona sobre las siguientes preguntas observando lo que despiertan en ti. No te sientas obligado a encontrar respuestas. En vez de eso, confía en lo que surge espontáneamente. No hay respuestas incorrectas. Se trata simplemente de mantenerse presente en lo que hay, momento a momento; es parte de la práctica.

- ¿Cuándo y cómo surgió este patrón en tu vida? ¿Hay alguna experiencia (o acontecimiento) en particular que haya causado este patrón?
- ¿Cómo se desarrolló este patrón después? ¿Qué acontecimientos y experiencias a lo largo de tu vida han contribuido a reforzarlo?
- ¿Qué papel desempeñan los tres sistemas de regulación emocional (amenaza, impulso o sosiego) en este patrón? Más concretamente, ¿qué pasa con las respuestas al estrés (lucha, huida, bloqueo, cuidar y hacer amistad)?
- ¿Este patrón ha tenido, o está teniendo actualmente, consecuencias no deseadas y está contribuyendo a tu sufrimiento o al de los demás? En caso afirmativo, ¿de qué manera?
- ¿Has desarrollado este patrón deliberadamente? ¿Hasta qué punto surgió como un intento de sobrevivir o hacer frente a circunstancias difíciles?
- ¿Te ha ayudado este patrón o te ha resultado beneficioso de alguna manera? ¿Sigue siendo así? Si es así, ¿de qué manera?
- ¿Cuántas personas en este planeta crees que comparten este mismo patrón contigo? ¿Un puñado? ¿Cientos? ¿Miles? ¿Millones?
- ¿Podrías ponerle un nombre divertido a este patrón? Haz que sea uno que te haga sonreír, que abra tu corazón y suavice tu relación con él.
- ¿Cuál podría ser un deseo compasivo hacia ti mismo en relación con este patrón que tenga en cuenta tanto el sufrimiento que está en su origen como el que causa?

Si con la última pregunta te ha venido a la mente un deseo, puedes terminar el ejercicio repitiéndolo para ti mismo en voz baja, con un ritmo de respiración calmado. O bien repitiendo las frases del recordatorio o el mantra de la autocompasión. Si lo deseas, lleva una mano sobre el corazón.

1. «Esto es sufrimiento.» Un patrón es una forma de sufrimiento.
2. «El sufrimiento es parte de la vida.» Los patrones forman parte de la condición humana. Compartes este patrón con muchos otros.
3 «Que pueda ser amable conmigo mismo, aquí y ahora.»

Finaliza el ejercicio a tu propio ritmo. Puedes hacerlo varias veces, explorando varios patrones internos y utilizando la hoja de trabajo N.°11 para tus reflexiones.

Zonas de confort sin comodidad

Las diecinueve frases del ejercicio anterior presentan una lista simplificada de los llamados esquemas.[13] Los esquemas son modelos mentales, representaciones del yo, del mundo y del yo en relación con los demás que creamos durante nuestra infancia. Dependen de nuestra personalidad, del entorno en el que crecemos y de los acontecimientos de la vida. Estos esquemas se adaptan a la realidad durante la infancia y dan lugar a comportamientos ajustados a las situaciones. A medida que crecemos, nos encontramos con otras personas y entornos y adaptamos esos patrones tempranos a la nueva realidad. Pero a veces, cuando estos patrones están vinculados a experiencias traumáticas o a carencias significativas en relación a las necesidades básicas de la infancia, se fijan y persisten en la edad adulta. Se convierten, así, en «desadaptativos» y dan lugar a comportamientos inadecuados. Como son familiares, proporcionan una sensación de seguridad cuando la vida es difícil, una especie de zona de confort, pero sin comodidad real. Estos patrones te mantienen en modo de amenaza o impulso sin calmarte. Sus raíces pueden ser muy obvias o pueden estar muy bien escondidas. Es posible que estos patrones te hayan sido transmitidos por generaciones anteriores y por la cultura en la que creciste. A veces también se los llama «rasgos de personalidad, y forman parte de la vida. La mayoría de las personas reconocerán al menos algunos de ellos. Aunque estos patrones pueden ofrecer, como hemos dicho, seguridad, también pueden causar dificultades y hacer que te desapruebes a ti mismo. La desaprobación no hará que un patrón desaparezca, sino que más bien causará nuevos sufrimientos, porque los patrones no se pueden desaprender simplemente. Forman parte de tus estrategias de supervivencia y de tu modo por defecto. Vuelves a caer en ellos cada vez que surge una amenaza conocida. Al igual que recordarás cómo nadar si te caes al agua, aunque hayan pasado años desde la última vez que nadaste, así pasa con ellos. Por supuesto, algunos patrones pueden desaparecer con el tiempo si no los alimentas. Quizá hayas notado que algunos de los patrones de la lista no son tan pronunciados como antes. También puedes haber notado que algunos patrones se repiten inmediatamente en situaciones que te recuerdan las circunstancias en las que se desarrollaron.

Hacerse amigo de los patrones internos

Como los patrones internos son difíciles de desaprender, no te sugerimos que te esfuerces por deshacerte de ellos. En su lugar, te recomendamos que practiques lo siguiente:
• Reconocer un patrón con plena conciencia cuando se presenta. Observa tu paisaje interior: pensamientos, emociones, sensaciones físicas.

- No critiques el patrón ni luches contra él, pues eso solo alimenta tu crítico interno —otro patrón—, y lo que resistes, persiste.
- En cambio, es mejor acoger el patrón. Es posible que nazca de una intención de ayudarte a sobrevivir. La situación puede recordarte fases anteriores de tu vida que han sido difíciles. Dale la bienvenida al patrón con un nombre divertido y burlón: «Ah, ahí estás, señor quisquilloso / patito feo / señora perfecta, gracias por venir. No te ofendas, pero hoy voy a intentarlo sin tu ayuda. Puedes quedarte si quieres, por si se te necesita». Sí, incluso un duro crítico interno puede ser abordado de esta manera: «Bienvenido, maestro Castigador, ¿has visto que el sol brilla?».
- Pregúntate cómo responder a esta situación con compasión. A menudo puede resultar más sabio no seguir el patrón, mientras que en otras ocasiones puede ser sabio y compasivo ceñirse a él conscientemente, con *mindfulness* y comprensión.

Las bromas amistosas son mucho más agradables que el acoso. Cuando intimidamos, hay animosidad y no hay respeto. Cuando bromeamos, subyace la amistad, el cariño y el respeto; jugamos y utilizamos el humor, y eso despeja el cielo.

Tomar una ruta más pintoresca

Los patrones son como autopistas en un paisaje. Están bien señalizadas y tienen muchos accesos. Una vez que estás en una autopista, puedes conducir a alta velocidad. Esto es muy eficiente para ir de A (donde no quieres estar) a B (donde quieres estar), pero también muy limitante. Además de que no puedes parar en una autopista, te mueves tan rápido que te pierdes gran parte de la belleza del paisaje. Tu mente está concentrada en el asfalto. Es fácil saltarse las salidas si se conduce sin pensar, con el piloto automático. Cuando un momento de *mindfulness* te hace darte cuenta de dónde estás, puedes desactivar el modo de piloto automático, buscar una salida y dejar la autopista. Entonces puedes encontrarte en un territorio desconocido, donde no hay vías rápidas, sino carreteras rurales tranquilas y caminos casi olvidados, que no figuran en tus mapas ni en tu sistema GPS. Nada es fácil cuando buscas tu camino. Regularmente hay que hacer una pausa, mirar el paisaje y «sentir» el camino. El progreso es lento, lo que te permite apreciar la belleza, los retos y la riqueza de la vida fuera de la zona de confort de tu autopista.

Esta metáfora ilustra lo que ocurre en tu cerebro y tu comportamiento. Los circuitos neuronales de los patrones internos son como autopistas en el cerebro, muy utilizadas y difíciles de perder. Salir de un patrón familiar es como hacer algo muy inusual. Te sales de la carretera y pruebas un nuevo comportamiento que no está respaldado por circuitos neuronales muy rodados. Pero si descubres que el nuevo comportamiento es más útil, es posible que te sientas inclinado a repetirlo. Recuerda que cuando las neuronas se activan simultáneamente, forman una red funcional conjunta. Esta red neuronal será más robusta cuanto más frecuentemente se solicite. De este modo, puedes entrenar tu cerebro para que construya vías que promuevan la felicidad.

Ahora llevemos la práctica de la meditación de la bondad amorosa o amabilidad un paso más allá.

Meditación de la amabilidad: una persona querida

EJERCICIO AUDIO N.°10

Empieza por ser amable contigo mismo.

A continuación recuerda a una persona querida, una buena amiga, una pareja, un padre o una abuela, una hija o un nieto o cualquier otra persona que te haga sonreír y te abra el corazón. Imagina que la persona que has elegido está sentada, o de pie, frente a ti, que estás mirándola a la cara, a los ojos. Eres consciente de cómo te afecta eso, física y emocionalmente. Deja que un deseo amable para esta persona surja del fondo de tu corazón. Luego repite este deseo suavemente, al ritmo tranquilizador de la respiración. Quizá con palabras que te vengan espontáneamente, o con palabras relacionadas con los cuatro deseos tradicionales: «Que estés a salvo»; «Que puedas tener salud»; «Que te sientas feliz / cómodo».

Puedes ampliar esta práctica para incluir a otras personas de esta misma categoría, buenos amigos o seres queridos, vivos o muertos. También puedes elegir otro ser vivo, como por ejemplo tu mascota. Puedes repetir deseos similares o diferentes, que te resulten fáciles cuando te imaginas en presencia de esa persona querida, escuchando sus necesidades más profundas. Un deseo inclusivo en forma de «nosotros» puede ser también muy inspirador, por ejemplo: «Que nos libremos del sufrimiento / que nos sintamos en paz / que compartamos la buena fortuna». Sin embargo, no se trata de intentar incluir a todos tus seres queridos y desearles todo lo bueno que se te ocurra. Tampoco se trata de obtener resultados o efectos mágicos. Que la otra persona se vea afectada por tus deseos es una cuestión abierta.

Esta práctica consiste simplemente en cultivar una actitud interior de bondad hacia alguien que te importa.

Observa con *mindfulness* lo que surge, momento a momento. Puede que te apetezca dejar de lado las frases y repetir solo una o dos palabras clave, o simplemente, estar presente en esta atmósfera de cariño y buena voluntad. Si tienes una sensación de pesadez o pensamientos de preocupación, abrázalos con una atención consciente y amable, dejando que el ritmo de la respiración calmante se instale. Puedes regalarte un deseo compasivo antes de volver a la otra persona de nuevo, cuando sientas que hay espacio para hacerlo.

Continúa con esta práctica todo el tiempo que quieras.

Agenda: El sistema de impulso

EJERCICIO

Observa cuándo el sistema de impulso está activo. Puedes anotar tus observaciones en la hoja de trabajo.

PREGUNTAS PARA REFLEXIONAR

HOJA DE TRABAJO N.º 12

- ¿Cuál era la situación?
- ¿Cómo y cuándo tomaste conciencia del sistema de impulso?
- ¿Qué sensaciones físicas has notado?
- ¿Qué pensamientos y emociones has notado?
- ¿Qué notas ahora, al reflexionar sobre esta experiencia?
- ¿Cuál podría ser una respuesta compasiva?

Resumen del capítulo 3

En este capítulo hemos abordado cómo tratar de forma consciente y compasiva los deseos y los patrones o esquemas internos. El cerebro antiguo y el nuevo forman patrones de comportamiento para ayudarnos a relacionarnos con otras personas y a adaptarnos a circunstancias específicas. Estos patrones nos generan problemas cuando se activan repetidamente en circunstancias que requieren otras respuestas. Se han explorado con más detalle tres patrones fundamentales, que subyacen a los tres sistemas de regulación de las emociones: el modo de respuesta a la amenaza, el modo de competición y el modo de sosiego y cuidado. También hemos examinado la naturaleza del crítico interno —un patrón habitual en la relación con uno mismo— y cómo se alimenta de las emociones autoconscientes tales como la vergüenza, la timidez y la culpa. Hemos analizado qué patrones internos nos dominan más a menudo, cómo reconocerlos, nombrarlos y tratarlos con compasión.

Sugerencias para la práctica

Formal

- Practica regularmente el objeto del deseo. «Abordar el deseo con compasión», cambiando regularmente de objeto de deseo. (Audio N.°8 y HT N.°9.)
- Lee el párrafo sobre los patrones internos y explora otro patrón distinto al explorado en la sesión. (HT N.°10, Audio N.°9 y HT N.°11.)
- Practica regularmente la meditación de la amabilidad extendida a un benefactor, a un buen amigo. (Audio N.°10.)
- Practica regularmente «Un lugar seguro» y/o «Un compañero compasivo».

Informal

- Practica el «Espacio de respiración con amabilidad» cuando te encuentres con dificultades o emociones dolorosas, o el mantra de la autocompasión tan a menudo como lo necesites.
- Agenda: «El sistema de impulso». (HT N.°12.)

El regalo

Ofrécete el regalo de tu atención.
Atrapa el impetuoso torbellino,
y suavemente, con calma, ponlo a un lado.

Siéntate y observa sus ráfagas
resonar en tu interior.
Mantente inmóvil
y encuentra la calma en la respiración.

Y mientras las ráfagas se calman,
encuentra el nudo que hay dentro,
cuyo lazo apretado, abrazo tenso,
está en el centro de todo.

Y siéntate, una y otra vez,
y date cuenta de que, a su debido tiempo,
el nudo se desatará, se soltará
y habrá espacio, de nuevo.

Y el espacio se convertirá en tu regalo,
abrazando todas las cosas,
ralentizando el ritmo,
y dejando entrar la luz.

«Gift»,
RACHEL HOLSTEAD

4

Salir del barro para ir hacia la luz

Sesión 4: Encarnar la compasión

Ayer era inteligente, así que quería cambiar el mundo.
Hoy soy sabio, así que me cambio a mí mismo.

Rumi

En este capítulo te proponemos nuevos ejercicios para ayudarte a explorar un poco más el paisaje interior de la amabilidad y la compasión utilizando tu imaginación.

Las direcciones del flujo de la compasión

En las prácticas que ya has explorado queda de manifiesto que todos somos capaces de jugar con la dirección en la que se dirigen la amabilidad y la compasión. Podemos imaginarnos recibiendo la compasión de los demás, dirigiéndola hacia ellos o dirigiéndola desde una parte de nosotros mismos a otra parte de nosotros mismos.[1] Es importante practicar dejando que la compasión se desarrolle en todas estas direcciones para que pueda florecer. Por supuesto, esto también puede dar lugar a temores (véase también el capítulo 2). Por ejemplo, imaginar que se recibe compasión de otras personas tal vez nos haga temer que no estarán ahí cuando las necesitemos en el futuro o quizá que solo están siendo amables porque quieren algo de nosotros. Permitir que la compasión fluya hacia otras personas tal vez nos lleve a temer que se aprovechen de nuestra generosidad o que nos abrumen con sus problemas y se vuelvan dependientes de nosotros. Permitir que la compasión fluya de nosotros mismos hacia nosotros mismos puede hacernos temer que nos volvamos débiles y excesivamente indulgentes o tristes y deprimidos. Podemos sentirnos indignos de recibir amabilidad y convencernos de que no la merecemos.

Ninguno de estos temores es erróneo en sí mismo. Forma parte de la práctica tenerlos en cuenta con amabilidad, comprenderlos y responder a ellos con compasión. Si notas que el flujo en una dirección específica parece bloqueado, puedes intentar elegir una práctica para apoyarlo en esa dirección.

Nos gustaría introducir un nuevo ejercicio en el que la imaginación juega un papel importante: imaginarse a *uno mismo* como una persona compasiva. Pero antes te invitamos a jugar a un pasatiempo favorito de los niños.

Jugar a hacer como si

A menudo nos encontramos con participantes a los que les resulta difícil imaginar que ellos mismos pueden encarnar las cualidades de la compasión. Las reacciones alérgicas y la incredulidad no son infrecuentes: «¿Yo, una persona compasiva? ¿Te estás burlando de mí? Eso suena muy falso». Piensa en tu infancia y en lo mucho que disfrutabas jugando a fingir. Te sugerimos que intentes jugar a «hacer como si» ahora.

Hacer como si

Experimento n.°1

Finge estar enfadado durante cinco minutos. Pon una expresión y postura de enfado. Expresa ese rol o papel, actuando con convicción, poniéndote en la piel de una persona que experimenta rabia lo mejor que puedas. ¿Qué notas en los músculos de la cara? ¿Y en el resto del cuerpo, en la mente, en tu estado de ánimo?

Experimento n.°2

Haz como si estuvieras lleno de alegría durante unos cinco minutos. Sonríe. Deja que tu cuerpo exprese la alegría. Encárnala lo mejor que puedas, entregándote por completo a este juego de roles. Haz que todo el mundo lo crea. ¿Qué notas en los músculos de la cara? ¿Y en el resto del cuerpo, en la mente, en tu estado de ánimo?

Tómate un momento para reflexionar sobre este ejercicio. Utiliza la HT N.°13 para escribir algunas observaciones sobre lo que has vivido.

Sin duda, has notado efectos muy diferentes con las dos experiencias, aunque no te consideres un actor con talento. Si tuvieras que elegir un papel para el resto de tu vida, tenemos pocas dudas de cuál elegirías. Como ya hemos señalado en el capítulo 2, la imaginación es una habilidad importante para cultivar la compasión. Si no trabajamos conscientemente con ella, es probable que trabaje con nosotros sin que seamos conscientes de ello. A menudo nos lleva automáticamente a lugares que aumentan nuestro sufrimiento. Las imágenes «ficticias» de lo que tememos o deseamos pueden tener efectos reales y causar mucho malestar.

Los efectos estresantes de un funcionamiento innecesariamente prolongado de nuestros sistemas de amenaza e impulso pueden dañar nuestra salud. Por ejemplo, cuando imaginas ser una persona compasiva, puede que no te sientas inmediatamente como una persona compasiva «verdadera». Pero cuando lo practicas de manera repetida, puede tener efectos reales en el cuerpo, que son en sí mismos saludables, no solo para ti mismo, sino también para las personas que te rodean. No se trata de desempeñar un papel superficial sin compromiso. ¡Interpreta tu papel como si fueras a recibir un Oscar! La investigación ha demostrado que una breve práctica diaria de cinco minutos durante quince días en la que imaginas un «mejor yo posible» tiene efectos beneficiosos sobre el optimismo, que contribuye a la salud psicológica y física.[2]

Así pues, aquí tienes un ejercicio para imaginar la mejor versión posible de ti mismo.

Encarnar la compasión

EJERCICIO AUDIO N.°11

Siéntate o túmbate en una posición cómoda y empieza con los pasos 1 y 2 del «Espacio de respiración con amabilidad».

Te invitamos a que practiques este ejercicio de forma lúdica, jugando con tu imaginación, dejando primero que aparezca un lugar que sientas que es seguro, sea cual sea la forma en que aparezca en este momento, y permitiendo que todos los sentidos participen. Imagina que recibes la bondad y amabilidad que emanan de ese lugar que te rodea. Luego, en ese lugar seguro o de manera independiente a él, imagina que aparece un compañero compasivo, sea cual sea el aspecto de ese compañero. Imagina que recibes la amabilidad que emana de otra persona, que te acepta exactamente como eres y desea todo lo mejor para tu bienestar. Imagina cómo ese ser encarna todas las cualidades de la bondad y la compasión.

Ahora imagínate a ti mismo como una persona compasiva y deja que todas las cualidades que le has atribuido a tu compañero compasivo estén presentes en ti. Por supuesto, esto es solo un ejercicio y no hay que esperar ningún resultado. Se trata simplemente de dejar que tu imaginación juegue a crear una versión compasiva de ti mismo, mientras observas lo que ocurre, con una atención consciente. Así pues, imagina que:

• Eres profundamente sensible a tus propias necesidades y a las de los demás, y te preocupas por aliviar el sufrimiento y difundir la felicidad.
• Eres capaz de simpatizar (sentir con) y empatizar (sentir dentro) con las experiencias de otras personas a medida que surgen. Puedes entender lo que está pasando en sus corazones y mentes.
• Tienes el valor de enfrentarte a lo difícil, de tolerar el sufrimiento y mantenerte presente el tiempo que sea necesario.
• Encarnas sabiduría y una actitud sin prejuicios. Habiendo aprendido las lecciones de la vida, sabes cómo y cuándo responder con palabras y acciones. Eres paciente, le das espacio al no saber y a la mente del principiante, estás abierto a nuevas posibilidades.
• Todo tu ser está impregnado de calidez, amabilidad, calma y ligereza.

Mientras te imaginas encarnando la compasión, explora también los efectos que esto tiene en ti.

Explora lo que ocurre en el cuerpo: tu postura, la naturaleza de las sensaciones, su temperatura; lo que sucede en tu cara, en los ojos, la boca, la garganta, el pecho, el vientre, los brazos y las piernas. Permite que todo el cuerpo esté implicado. ¿Cómo afecta esto a tu mente y a tu estado de ánimo?

Todas las experiencias forman parte de la práctica y pueden ser acogidas con plena conciencia, así como tus reacciones al ejercicio y pensamientos como «no puedo hacer esto» o emociones como la decepción o la frustración. Observar esto con atención amorosa ya es encarnar la compasión. Cuanto más practiques estar en la versión compasiva de ti mismo, más te acostumbrarás a ello. Así que sé paciente contigo mismo y acoge con plena conciencia lo que surja. Vuelve una y otra vez a la práctica de encarnar la compasión, tanto en sus cualidades suaves como poderosas, utilizando la imaginación.

También puedes imaginarte a ti mismo encarnando y difundiendo la compasión cuando contemplas un aspecto doloroso en ti mismo o en el mundo que te rodea, como el sufrimiento de otra persona, e imaginar que la compasión fluye fuera de ti y hacia donde se necesita.

Termina la práctica cuando sea conveniente para ti. Recuerda que siempre puedes volver a ella. Puedes anotar tus experiencias en este ejercicio en la hoja de trabajo N.°14.

PREGUNTAS PARA REFLEXIONAR

HOJA DE TRABAJO N.°14

• Al imaginarte como un ser compasivo, ¿qué sensaciones has notado en el cuerpo?

MINDFULNESS CON CORAZÓN

- ¿Qué has observado a nivel de pensamientos y emociones?
- ¿Cómo afecta el encarnar la compasión a tu actitud interna hacia ti mismo, hacia los demás y hacia el mundo que te rodea?
- ¿Qué notas ahora, al reflexionar sobre la experiencia de este ejercicio?
- Cuando te imaginas como una persona compasiva, ¿cuál sería una respuesta compasiva a una dificultad actual en tu vida?

El loto de la compasión

La flor de loto es un antiguo símbolo de la compasión. La flor se nutre del barro en el que la planta está arraigada. Cuanto más profundamente la planta hunda sus raíces en el barro, más hermosa será la flor. Del mismo modo, cuanto más observamos nuestro sufrimiento, más puede florecer nuestra compasión. Como dicen en Asia: «Sin barro, no hay loto». Aquí combinamos el símbolo del loto con los conocimientos de la psicología occidental. Puede que haya quedado claro que la compasión no es una entidad simple, sino una actitud hacia el sufrimiento compuesta por diferentes ingredientes. Estos ingredientes pueden subdividirse en cualidades y habilidades. El resumen que sigue se basa en el «Círculo de la compasión» de Paul Gilbert.[3] Basándonos en él e inspirados por los participantes de nuestros cursos, hemos creado el «Loto de la compasión» (figura 4.1). Por supuesto, ningún modelo es perfecto, pero este puede ayudarte a comprender mejor los diferentes aspectos que intervienen en el entrenamiento de la compasión.

- El corazón de la flor de loto —la compasión misma— se revela cuando los pétalos se abren al sufrimiento en el mundo. Primero debemos entrar en contacto con este sufrimiento y adaptarnos a él.

- Los pétalos interiores representan las cualidades de la compasión, las características específicas que nos permiten enfrentarnos al sufrimiento cuando este surge.
- Una vez que estamos listos para abrirnos al sufrimiento, podemos empezar a responder a él. Las hojas de apoyo que rodean los pétalos interiores representan las habilidades que necesitamos para aliviar activamente el sufrimiento.
- La compasión no puede florecer en la tensión de los modos de amenaza o impulso. Las cuatro hojas flotantes representan el entorno adecuado en el que el loto puede crecer y desarrollarse. Representan la atmósfera de calidez, calma, benevolencia y ligereza o juego, cualidades que sustentan el sistema de sosiego.

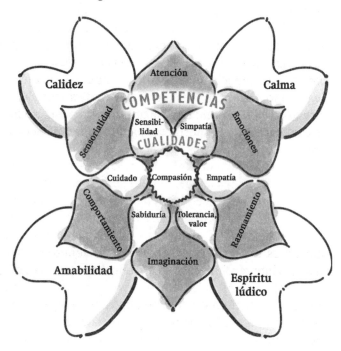

Figura 4.1 El loto de la compasión

MINDFULNESS CON CORAZÓN

A continuación enumeraremos las cualidades y habilidades de la compasión. Puedes leerlas y preguntarte cuáles podrías encarnar más fácilmente y cuáles requieren más práctica. Por supuesto, todas ellas se refuerzan mutuamente y se cultivan mejor de manera paralela.

Las cualidades de la compasión necesarias para entrar en contacto con el sufrimiento

- *Cuidar el bienestar.* La motivación fundamental de la compasión es cuidar de nosotros mismos y de los demás, y comprometernos a aliviar y prevenir el sufrimiento y promover la felicidad, siempre que podamos.
- *Sensibilidad.* La capacidad de percibir y ajustarse a lo que se necesita. Requiere una fina sensibilidad a las necesidades de los demás, así como a nuestras propias necesidades.
- *Simpatía.* La capacidad de sentir y resonar con el otro en la alegría y la tristeza. En los últimos años de su vida, Charles Darwin estudió a fondo esta capacidad y la consideró una de las cualidades más importantes para la supervivencia de las especies de mamíferos superiores.[4]
- *Empatía.* Capacidad de percibir internamente y de comprender el mundo interior, las motivaciones y los comportamientos de los demás y de uno mismo. Mientras que la simpatía se sitúa principalmente en el nivel de lo sentido, la empatía también tiene la cualidad cognitiva de la comprensión. La empatía es esencial para establecer relaciones con los demás. La compasión necesita de la empatía, pero la empatía por sí sola, sin las otras cualidades, no es necesariamente compasiva. Por ejemplo, cuando falta la preocupación por el bienestar, la empatía puede utilizarse para manipular a los demás con fines de lucro. Los vendedores inteligentes, por ejemplo, pueden conseguir que compremos cosas que real-

mente no necesitamos, simplemente porque parecen muy «comprensivos». También existe el peligro de identificarse con los demás y olvidarse de cuidar de uno mismo. Este es un fenómeno común entre los profesionales de la asistencia y cuidado a los demás, que los hace vulnerables al agotamiento. Matthieu Ricard afirmó que la «fatiga por compasión» es un término erróneo y que sería mejor llamarla «fatiga por empatía».[5] Cuando la compasión se expresa allí donde puede aliviar el sufrimiento, tanto hacia los demás como hacia nosotros mismos, no debería agotarnos.

- *Coraje y tolerancia a la aflicción.* La compasión necesita tanto de la ternura como de la fuerza. Se necesita valor para afrontar el sufrimiento, especialmente si se manifiesta en sus formas más feas, cuando nos enfrentamos a nuestros demonios internos. También hace falta valor para ser vulnerable y dejar que nuestro corazón sea tocado. Además, necesitamos tolerancia para soportar las dificultades mientras persisten.
- *Sabiduría.* La compasión requiere una mente abierta y respeto por la complejidad de la vida, así como la capacidad de afrontar las situaciones sin juzgarlas. Cuando decimos «sin prejuicios» no queremos decir que no haya que hacer ningún juicio ni tener ninguna preferencia. El juicio puede ser muy útil en la vida. La sabiduría implica ser consciente de nuestros juicios, no solo dándoles seguimiento en modo piloto automático, sino alineándolos con nuestra intención de aliviar el sufrimiento y promover el bienestar. También nos ayuda a tener paciencia y una mente de principiante, a sostener las preguntas si no hay respuestas claras. En última instancia, la sabiduría implica discernir entre lo que es beneficioso y lo que es perjudicial.

Las habilidades de la compasión para aliviar el sufrimiento pueden ser adquiridas en las siguientes áreas

- *Atención.* La atención consciente o *mindfulness* de la experiencia que se desarrolla momento a momento es una habilidad fundamental. La atención consciente profundiza la calidad de lo que experimentamos y de lo que hacemos. De hecho, la atención consciente es esencial para todas las habilidades que enumeramos aquí. Allí donde se concentra la atención, fluye la energía. Así, todo aquello a lo que prestamos atención se desarrolla. Si queremos que la compasión crezca a través de todas sus cualidades, debemos elegir sabiamente nuestro campo de atención y explorarlo con plena conciencia.

- *Exploración sensorial.* Como tenemos un fuerte sesgo hacia la negatividad debido a nuestro patrón evolutivo, nuestros sentidos necesitan un entrenamiento especial para aprender a percibir lo positivo. El sesgo hacia la negatividad puede ser útil para la supervivencia, pero no promueve la felicidad. Por eso es importante cultivar la capacidad de interiorizar y asimilar lo que nos nutre, nos da alegría y energía, a través de todos los sentidos, ya sea la vista, el oído, el olfato, el gusto o el tacto. Un ejemplo sencillo de cómo podemos desarrollar esta capacidad es conectar con el cuerpo cuando permitimos que se instale un ritmo de respiración tranquilizador.

- *Emociones.* Del mismo modo, podemos alimentar estados emocionales beneficiosos como la alegría, la gratitud y el perdón. Una habilidad básica es la capacidad de dar un paso atrás y sostener nuestras emociones con una conciencia abierta y amable. Si son alegres y estimulantes, podemos apreciarlas y saborearlas con *mindfulness*. Si son tristes y dolorosas, podemos acunarlas y calmarlas con amabilidad, como haría una madre cariñosa sosteniendo en sus brazos a su bebé lloroso y alterado. Si son incontrolables y potencialmente dañinas, podemos acogerlas con ecuanimidad.

- *Razonamiento*. La práctica de *mindfulness* nos ha enseñado que intentar cambiar nuestros pensamientos solo por la fuerza crea más sufrimiento. La observación consciente de nuestros pensamientos es una habilidad importante que nos permite abrirnos a otras perspectivas que no sean las miras estrechas de nuestra mente invadida por la amenaza o el impulso. Además de dejar que nuestros pensamientos vayan y vengan, podemos desarrollar la habilidad de elegir sabiamente a cuáles escuchamos y dejamos que se expresen. Esto puede ayudarnos a alimentar perspectivas y argumentos que sirvan para aliviar el sufrimiento y promover la felicidad. Un ejemplo de razonamiento compasivo podría ser: «Si puedes cambiarlo, ¿por qué preocuparte? Si no puedes cambiarlo, ¿por qué preocuparte?». Volveremos sobre este punto en el siguiente apartado.
- *Imaginación*. Se trata de la habilidad de trabajar con imágenes compasivas y beneficiosas, como imaginar un lugar seguro, un compañero compasivo o encarnar la compasión. Estas prácticas basadas en imágenes pueden actuar como una medicina interna para contrarrestar los efectos tóxicos del miedo y las imágenes de odio.
- *Comportamiento*. Muchas religiones y tradiciones de sabiduría nos animan a hablar y actuar con compasión, respeto, no violencia y amabilidad. La regla de oro —«trata a los demás como te gustaría que te trataran a ti»— es uno de los mayores logros de la humanidad. Ha inspirado códigos de conducta universales como la Declaración de los Derechos Humanos. Es una habilidad importante comportarse de acuerdo con estas directrices universales, al tiempo que se escucha la sabiduría del propio corazón en situaciones específicas.

Alimentar un ayudante interno

En el capítulo anterior tratamos de entender por qué desarrollamos tan fácilmente un crítico interno, que se puede convertir incluso en un matón o un acosador. En este capítulo explicaremos con más detalle cómo puedes cultivar un ayudante interno. Esto requiere mucha práctica, porque el diseño de nuestro cerebro está, sin culpa nuestra alguna, centrado principalmente en la supervivencia inmediata (modo de amenaza o impulso) más que en el bienestar sostenible (modo de sosiego). En el párrafo anterior mencionamos el razonamiento sano como una de las habilidades de la compasión. A continuación comparamos el punto de vista de un crítico o acosador interno con el de un ayudante interno.

Crítico interno	Ayudante interno
• Sesgo hacia la negatividad.	• Abierto a la experiencia como tal.
• Ve los fallos y las deficiencias: lo que ha ido mal, lo que va mal, lo que irá mal.	• Ve el crecimiento y el desarrollo: lo que ha funcionado bien, lo que va bien o es posible.
• Castiga el pasado	• Perdona el pasado.
• Desconfía del futuro.	• Alienta el futuro.
• Actitud dura, impaciente y humillante.	• Actitud benévola, paciente y solidaria.
• Es intolerante hacia lo que ha ido mal, te culpabiliza por tus errores.	• Trata de entender lo que salió mal y te invita a aprender de tus errores.
• Te ataca como persona.	• Se orienta a tu comportamiento.
• Evoca vergüenza y el miedo al rechazo.	• Suscita una culpabilidad sana y remordimientos.
• Se preocupa por las consecuencias para ti mismo.	• Se preocupa por las consecuencias para todos los implicados.
• Te vuelve irritable y ansioso, te hace evitar o resistir el contacto.	• Te ayuda a asumir tus responsabilidades, a corregir y a sanar tus relaciones.

Lo que difiere no solo es el contenido de su forma de pensar, sino también su actitud y tono emocional. Estas diferencias pueden ser tan marcadas como las diferencias de estilo entre un profesor crítico e impaciente que humilla y castiga a un niño con dificultades de aprendizaje y un profesor cariñoso y considerado que es paciente, atento y comprensivo. Si se tratara de tu hijo, seguramente lo enviarías a una escuela con profesores atentos y amables. Sin embargo, a muchos de nosotros nos resulta difícil cultivar un maestro interior amable. Si la columna de la izquierda te resulta mucho más familiar que la de la derecha, no te desanimes. Ser capaz de reconciliar plenamente nuestros patrones de pensamiento, sentimiento y comportamiento es un primer paso importante hacia el cambio. Nos permite dejar de alimentar al crítico interno y empezar a potenciar un ayudante interno, que es una forma más sana de relacionarnos con nosotros mismos. En las tres primeras sesiones de este curso, hemos introducido muchos ejercicios nuevos e información de fondo. Los ejercicios que se centran en nuestras dificultades internas, como las resistencias, los deseos y los patrones internos, pueden ser muy desafiantes. Para crear más espacio, hemos aligerado la cuarta sesión, cultivando la amabilidad y la compasión sobre la base de prácticas ya conocidas. Esta es otra extensión de la meditación de la bondad amorosa o amabilidad, que amplía el círculo de la compasión para incluir a las personas neutras.

Meditación de la amabilidad: una persona neutra

EJERCICIO AUDIO N.º 12

Empieza por ser amable contigo mismo y con una o más personas que te importan y a las que quieres. Es bastante inusual sentirse totalmente neutral hacia los demás, ya que a medida que nos acercamos, suelen surgir sutiles sentimientos de simpatía o antipatía. Con esto queremos decir que elegimos para esta práctica a alguien que no conocemos muy bien y con quien nos sentimos imparciales, como, por ejemplo, alguien a quien acabas de conocer y con quien no tienes ni buscas establecer una relación concreta; alguien que está de paso en tu vida. Tal vez alguien que has visto en una parada de autobús o que estaba junto a ti en un semáforo.

Si has encontrado a una persona neutra, puedes imaginarla frente a ti y darte cuenta de que es, como tú, un ser humano que anhela la felicidad y es vulnerable al sufrimiento. A continuación empieza a repetir suavemente deseos de bondad para esta persona, como «que te sientas (o que nosotros nos sintamos) segura / feliz / a gusto», apoyándolos en el ritmo de la respiración, o independientemente de él. Observa, con plena conciencia, lo que está ocurriendo mientras practicas.

Poco a poco puedes incluir a otras personas o animales en esta categoría neutral. De nuevo, no se trata de practicar con el mayor número de personas posible, lo que puede ser un alivio porque hay muchas. Se trata más bien de desarrollar un corazón sensible a todos aquellos con los que no tienes ninguna relación especial, pero que se cruzan en tu camino.

Si notas que tu atención se desvía, o que estás experimentando dificultades internas, siempre puedes volver a la autocompasión, y luego volver a las personas neutras cuando sientas que hay espacio para hacerlo.

Y como uno de los temas de este capítulo es el encarnar la compasión, nos gustaría proponerte algunos ejercicios que refuercen la conciencia corporal y el movimiento consciente, basándonos en prácticas habituales de *mindfulness*.

Amabilidad hacia el cuerpo

EJERCICIO AUDIO N.°13

Túmbate cómodamente en una superficie que no sea ni demasiado dura ni demasiado blanda. Asegúrate de estar suficientemente abrigado y deja que tu respiración se asiente en un ritmo relajante, que tu cuerpo se rinda a la gravedad y que tus músculos se relajen.

Ahora dirige tu atención a una parte del cuerpo con la que te sientas feliz y cómodo. Tal vez por su fuerza, por su salud o su carácter placentero, o porque es una compañera fiable y que funciona bien y te da alegría. Nota las sensaciones en ese punto y siente sus necesidades. Luego deja que un deseo amable fluya hacia esa parte del cuerpo. De la misma manera que enviarías un deseo a una persona con la que tienes una buena relación, también puedes dirigir esta bondad a una parte de tu cuerpo con la que tienes una buena relación, como si fuera una persona, independientemente de lo que piense tu mente racional. Puedes utilizar frases como «que te sientas sana y feliz / que te sientas relajada y bien cuidada / que disfrutes de las alegrías de la vida», o cualquier otra frase que te inspire. Deja que la respiración te ayude, por ejemplo, respirando con y desde esa parte y conectando con ella al inspirar («que puedas») y dejando que la amabilidad fluya hacia ella al exhalar («sentirte feliz»), o de cualquier otra forma que te resulte natural. Explora tanto los aspectos de dar como de recibir de esta práctica. ¿Cómo es recibido tu deseo por esta parte del cuerpo? Siéntete libre de cambiar las palabras y adaptar tu actitud

MINDFULNESS CON CORAZÓN

interior para facilitar la aceptación. Del mismo modo, puedes incluir otras partes del cuerpo con las que tengas una buena relación y enviarles también buenos deseos.

Descansa un momento en un ritmo respiratorio relajante, y luego conecta con una parte de tu cuerpo con la que la relación sea bastante neutra. Tal vez porque generalmente pasa desapercibida, o porque no la sientes ni la ves a menudo. Sintoniza suavemente con esta parte, al ritmo de la respiración, dejando que las palabras amables fluyan hacia ella. Por ejemplo: «que seas aceptada / que pertenezcas a este cuerpo» o «te deseo felicidad». Observa cómo se recibe este deseo. Continúa con otras partes con las que tienes una relación neutra.

Deja que la atención vuelva a descansar en la respiración y en el ritmo respiratorio tranquilizador según lo que sea necesario. A continuación lleva la atención hacia una parte de tu cuerpo con la que te resulte difícil relacionarte, tal vez porque te sientas incómodo o avergonzado de ella, porque te resulte poco atractiva cuando la ves en el espejo o porque funcione mal y sea vulnerable, una fuente de dolor o enfermedad. Tal vez se trate de una zona que ha sido lesionada u operada. Elige una parte de este tipo en tu cuerpo y observa lo que está experimentando en este momento. ¿Sientes cuáles son sus necesidades más profundas? A continuación deja que fluya un deseo compasivo hacia esa parte al ritmo tranquilizador de la respiración. Por ejemplo: «que te sientas lo más sana posible / que tengas valor / que tengas fuerza y que aguantes este sufrimiento» o «deseo que sientas consuelo / cariño / todo el cuidado que necesites». Siente cómo es recibido este deseo. Siéntete libre de cambiar las palabras si es necesario. Observa tus pensamientos y emociones con una atención abierta y amable mientras diriges estos deseos a esa parte del cuerpo. Da espacio a las emociones dolorosas y a la tristeza. Continúa como sea más conveniente para ti, con la misma parte o con otra que te esté dando dificultades.

Puedes concluir esta práctica ampliando tu atención al cuerpo entero. Abrázalo con la misma atención amorosa y compasiva. Date cuenta de cómo este cuerpo ha sido tu compañero fiel a lo largo de tu vida, en los momentos buenos y en los difíciles. Al igual que puedes tener relaciones buenas, neutras o difíciles con diferentes miembros de tu familia, también puedes tener diferentes tipos de relaciones con diferentes partes de tu cuerpo. Abraza todas estas partes en el mismo abrazo amoroso, extendiendo la bondad y la gratitud a este cuerpo, como si fuera una familia, con todas las cualidades, vulnerabilidades e imperfecciones de sus diferentes miembros. «Que te sientas seguro / lo más sano posible / fuerte y valiente / completo y en paz.»

Movimiento con *mindfulness*

La práctica de cuidar el cuerpo en reposo puede continuar cuando el cuerpo está en movimiento. Puedes profundizar en los ejercicios de movimiento conscientes o de yoga que se practican en las clases clásicas de *mindfulness* cultivando explícitamente la actitud interior de cuidado. Puedes profundizar en la exploración sensorial haciéndote un automasaje o dando suaves golpecitos a la cara y el cuerpo. Al hacerlo, puedes observar lo que ocurre desde la perspectiva del que da y del que recibe. Al realizar estiramientos o movimientos de yoga de forma consciente, puedes observar cómo responde la respiración a los movimientos. También puedes dejar que la respiración guíe los movimientos de forma lúdica. Empieza con un ritmo respiratorio relajante. Deja que los movimientos sigan la respiración, empezando con pequeños movimientos y luego haciéndolos más amplios a medida que la respiración se hace más profunda. Puedes explorar enfoques de movimiento suaves y delicados, como el Qi Gong y el Tai Chi, o seguir las sugerencias ofrecidas en programas como Breathworks,[6] diseñados para personas con dolor crónico y limitaciones físicas. A continuación ilustramos cómo ofrecer prácticas lúdicas de movimiento consciente en una sesión.

Ejemplos de movimientos conscientes

EJERCICIOS

Ampliar el corazón

- Ponte de pie, con los pies ligeramente más separados que el ancho de las caderas, con las rodillas y los tobillos blandos, en una postura suave y ligeramente flexionada, los brazos cruzados delante del bajo vientre, el derecho sobre el izquierdo.
- Levanta los codos mientras inspiras, como si te pasaras un jersey por la cabeza.
- Estira el cuerpo suavemente, levantando los brazos por encima de la cabeza.
- Mueve los brazos hacia los lados y hacia abajo en la exhalación, sentándote sobre las rodillas, y vuelve a la posición inicial, ahora cruzando los brazos en sentido opuesto, el izquierdo sobre el derecho.
- Repite el ejercicio varias veces, alternando las formas de cruzar los brazos. Observa el cuerpo mientras te mueves, sobre todo lo que ocurre en tu zona central. Muy a menudo la gente nota un bostezo durante estiramientos como este. Esto es perfectamente normal.

Bostezar es un signo saludable de bienestar e indica que te sientes cómodo y que entras en tu sistema de calma o sosiego.

Balanceo y rebote suave

- Comienza en la posición básica de pie, balanceando lentamente el cuerpo hacia adelante y hacia atrás, empujando alternativamente con el pie izquierdo y luego con el derecho, dejando que los brazos y todo el cuerpo sigan libremente, sin esfuerzo. Deja que desarrollen un ritmo y una amplitud de movimiento cómodos por sí mismos. Continúa durante unos minutos, observando las sensaciones del cuerpo. Luego deja que el balanceo vaya deshaciéndose. Permanece erguido, sé consciente de tu experiencia momento a momento.

- A continuación empieza a rebotar suavemente sobre las rodillas y los tobillos, dejando que todo el cuerpo siga el ritmo, como si estuvieras sobre un caballo. Esto puede empezar a un ritmo lento, como el de un elefante, y luego volverse suavemente más rápido, si lo prefieres, tan rápido como un poni de Shetland a toda velocidad. Puedes continuar durante unos minutos a un ritmo que te resulte cómodo, dejando que los movimientos se reduzcan gradualmente hasta detenerse. Observa la energía que fluye por el cuerpo, incluidas las sensaciones en las palmas de las manos.

Dar y recibir

- Mientras inspiras, levanta los brazos y las manos de manera lateral hasta que los dedos se toquen por encima de la cabeza, con las palmas hacia abajo, como si fueran la cabeza de una ducha. Imagina una lluvia de luz, calor o energía curativa que sale de las palmas de las manos y que tu cuerpo recibe.

- Al exhalar, mueve suavemente las manos hacia abajo a lo largo del cuerpo, cerca, pero sin tocarlo. Primero la cabeza y la cara, luego el cuello, el pecho y el vientre, hasta que las manos vuelvan a la posición de reposo, colocando los brazos al lado del cuerpo.
- Repite esto varias veces, prestando atención alternativamente a los aspectos de dar y recibir de esta práctica y permitiendo que tus manos recorran diferentes caminos a lo largo del cuerpo.

La meditación caminando suele practicarse en las clases de iniciación a *mindfulness* a un ritmo lento. He aquí una forma de profundizar dicha práctica de caminar con atención consciente, con amabilidad.

Caminar con amabilidad

EJERCICIO AUDIO N.°14

Elige un lugar adecuado, en el interior o en el exterior, donde puedas ir y venir o caminar en círculo. Empieza por prestar una atención consciente a tu cuerpo, tal y como se encuentra en postura de pie, asegurándote de que los pies están firmemente plantados en el suelo y que están separados al ancho de la cadera, que los tobillos y las rodillas están relajados. Permite que el cuerpo, el cuello y la cabeza estén erguidos, sin esfuerzo ni rigideces innecesarias, y que los brazos estén relajados a cada lado del cuerpo. Deja que tu mirada descanse unos metros delante de ti. Observa con amabilidad las sensaciones corporales, el estado de ánimo, los pensamientos y las emociones presentes.

A continuación comienza a caminar, dejando que se establezca un ritmo tranquilizante, un ritmo que aporte calma al cuerpo y a la mente. Este ritmo puede variar según las circunstancias internas y externas; por ejemplo, si tienes calor, el ritmo puede ser más lento que si tienes frío. Puede ser útil dejar que la respiración se acomode cómodamente a este ritmo tranquilizador de la marcha, sin forzar nada. Observa el cuerpo moviéndose mientras caminas. Luego pregúntate: «¿Cuál podría ser, en este momento, un deseo amable hacia mí mismo?». Si no aparece nada en particular, puedes practicar con uno de los deseos tradicionales: sentirte seguro, sano, feliz o cómodo. Repite la frase lentamente, dejando que las palabras fluyan naturalmente al ritmo de tus pasos. Dependiendo de tu ritmo, puedes tener tiempo de repetir la frase completa con cada paso; por ejemplo: «que me sienta tranquilo», o solo la palabra clave «calma», o incluso «que», al posar el pie izquierdo, «yo pueda», al posar el pie derecho, «sentirme», de nuevo con el izquierdo, «calmado», con el derecho. Y así sucesivamente.

Continúa mientras la repetición de estas palabras te sea útil. Si sientes que estás en un ambiente de calma, puedes dejar de lado las palabras y simplemente apreciar con atención consciente lo que estás observando. Puedes repetirlas de nuevo cuando sientas la necesidad de su apoyo. No se trata de esforzarse por conseguir efectos particulares, sino de cultivar intenciones amables y benevolentes hacia ti mismo. Puedes seguir practicando con un solo deseo, pero también puedes cambiarlo si sientes que eso te conviene más. Si el hecho de sintonizar la palabra o frase con tus pasos te confunde, simplemente repite el deseo, independientemente de tus pasos.

Puedes ampliar esta práctica expresando deseos amables hacia otras personas que te vengan a la mente, por ejemplo, un benefactor, un ser querido o una persona neutra. Cuando practiques en un lugar en el que no estés solo, también puedes enviarles deseos amables a personas o animales que estén en tu campo visual o auditivo. No es necesario buscar el contacto visual. Una vez más, no se trata tanto de obtener resultados como de cultivar una actitud interior de bondad hacia aquellos con los que te cruzas. Esto puede convertirse en una práctica lúdica y saludable, dirigida a seres neutros con los que no tienes ninguna conexión particular, que solo están de paso en tu vida y a los que diriges amabilidad.

Agenda: El crítico interno

EJERCICIO

Observa cuándo el crítico interno está presente. No te culpes por tu crítica interna, sino pregúntate cuál podría ser una respuesta compasiva. Puedes hacer anotaciones en la hoja de trabajo.

PREGUNTAS PARA REFLEXIONAR

HOJA DE TRABAJO N.°15

- ¿Cuál era la situación?
- ¿Cómo tomaste conciencia del crítico interno?
- ¿Qué has notado en el cuerpo? ¿Qué emociones?
- ¿Qué notas hora, reflexionando sobre esta experiencia?
- ¿Cuál podría ser una respuesta compasiva?

Resumen del capítulo 4

En este capítulo presentamos el «Loto de la compasión», un mapa de las cualidades, habilidades y entorno idóneo que sostienen la compasión. Estudiamos cómo cultivar un «ayudante interno», cómo encarnar la compasión con la ayuda de la imaginación y cómo enriquecer prácticas habituales de *mindfulness*, tales como el escáner del cuerpo o el movimiento y el caminar conscientes, con la práctica de la amabilidad.

Sugerencias para la práctica

Formal
- Prueba el ejercicio «Hacer como si». (HT N.°13.)
- Practica regularmente «Encarnar la compasión». (Audio N.°11 y HT N.°14.)
- Extiende la práctica de la amabilidad a personas neutras. (Audio N.°12.)
- Explora los ejercicios «Amabilidad hacia el cuerpo», «Movimientos conscientes» (p. 159) y/o «Caminar con amabilidad». (Audios N.°13 y N.°14.)
- Continúa con las prácticas formales de los capítulos anteriores, según necesites.

Informal
- Practica con regularidad el «Espacio de respiración amable», y cuando te encuentres con dificultades o emociones difíciles, el «Espacio de respiración con compasión» o el mantra de la autocompasión.
- Agenda: «El crítico interno». (HT N.°15.)

Cerca de ti

Mantenlo cerca,
ese momento en el que el corazón
da un vuelco y tus ojos desbordan.
Sentir la tristeza del mundo
es también sentir su alegría.

Deja que los momentos perduren
para acoger todo lo que tienen que mostrarnos.

Ralentiza tu ritmo,
para que el suelo en el que te encuentras
sea lavado por tus lágrimas.

Entonces mira
cómo el pálido resplandor que viene luego
se intensifica
y el mundo entero comienza a brillar
como el sol después de la lluvia.

«Close»,
RACHEL HOLSTEAD

5

Recibir y dar con cada respiración

Sesión 5: Uno mismo y los demás. Ampliar el círculo

Si quieres ir rápido, camina solo, pero si quieres llegar lejos, camina con otros.

Proverbio africano

Ya has llegado a la mitad de este libro. Tómate un momento para reflexionar sobre la primera mitad del curso. ¿Qué has aprendido? ¿Qué efectos has notado en tu vida? Toma nota de todo lo que surja en el transcurso de esta reflexión, ya sean beneficios, descubrimientos, dificultades, decepciones o dudas. Deja que tu experiencia sea tal y como es. ¿Qué te desearías a ti mismo en la segunda mitad del curso?

«Querido Yo»

En esta sesión exploraremos más a fondo cómo podemos cultivar la amabilidad y el cuidado en nuestras relaciones con nosotros mismos y con los demás. ¿Cómo podemos responder con compasión cuando entramos en contacto con el sufrimiento? Podemos volvernos más sensibles a las necesidades de los demás cuando primero aprendemos a sentir las necesidades de las partes sufrientes que hay en nosotros mismos. Te invitamos a profundizar en el siguiente ejercicio, para el que necesitarás papel y lápiz.

Una carta compasiva

EJERCICIO

En primer lugar, ponte cómodo y sigue las instrucciones del ejercicio «Encarnar la compasión» descrito en el capítulo anterior. Tómate el tiempo necesario para sentirte conectado con la versión compasiva de ti mismo antes de continuar.

Ahora elige un área de tu vida que percibas como difícil o dolorosa. Elige algo con lo que sientas que puedes lidiar ahora. Puede tratarse de una situación que hayas vivido recientemente o hace algún tiempo y que te siga causando malestar. Puede haber estado dominada por emociones dolorosas o por una dura autocrítica. Mientras te imaginas encarnando la compasión en todas sus cualidades, observa la versión de ti mismo que sufre en esa situación. Imagina que la miras desde tu yo compasivo, con una profunda motivación para aliviar ese sufrimiento. ¿Ves una versión ansiosa, enfadada, triste, solitaria o confusa de ti mismo? ¿Cuál es la expresión facial y la postura de este yo sufriente? ¿Cómo se comporta? Muestra bondad en tu mirada hacia ese yo que sufre. Sé sensible a sus necesidades. ¿Qué cualidades de compasión se requieren? Puede ser ternura, calidez y consuelo, o valor y fuerza, o paciencia y comprensión. ¿Cuál sería una respuesta sabia y compasiva? Acoge las dificultades y las preguntas que surjan. Puede que no haya respuestas fáciles. Permítete no saber, estar con lo que surja, hasta que llegue la respuesta correcta.

Ahora empieza a escribirle una carta a tu yo sufriente, el «tú» al que te diriges desde tu yo compasivo, que está escribiendo la carta. Deja que las palabras surjan de forma natural. No fuerces nada. Esta práctica puede ser ligera y lúdica. Si pierdes el contacto con tu ser compasivo, reconoce amablemente lo que está sucediendo, incluyendo la duda, la inseguridad o la resistencia a esta práctica. Deja que la respiración te calme y, si empiezas a sentir que hay de nuevo espacio para ello, vuelve a imaginar que estás encarnando la compasión. Deja que las palabras fluyan desde un lugar tranquilo. Puede que no salga una historia muy coherente, sino palabras clave o frases cortas, metáforas o incluso dibujos. Déjate sorprender por lo que surge y se expresa en la carta. Si te resulta difícil conectar con tu yo compasivo, quizá puedas inspirarte imaginando cómo se relacionaría un compañero compasivo con tu yo sufriente. Recuerda que esto es una práctica, no un examen.

Después de unos diez minutos, haz una pausa y lee lo que has escrito hasta ahora. ¿Tiene el contenido realmente las cualidades de la compasión? Siente cómo lo recibe tu ser sufriente. Observa cómo reacciona ante el estilo, las palabras y las imágenes. Tal vez notes juicios o críticas sutiles, «deberías» o «yo tendría que» que se han colado sin querer. ¡Bien por ti! Reconocer cómo puede manifestarse un crítico interno, a veces disfrazado, es una parte importante de la práctica. Responde con compasión a lo que surja. Tu yo sufriente puede ofrecer una valiosa devolución. ¿Cómo necesita ser considerado o tratado? Siéntete libre de modificar, ajustar o ampliar tu carta. ¿Falta algo en la carta que tu ser sufriente realmente necesita escuchar? ¿Qué te parece añadir una frase final o un mensaje clave?

Puedes ampliar esta práctica imaginando que lees la carta en voz alta a tu propio yo que sufre. Imagina que estás encarnando la compasión mientras haces esto. ¿Cómo es tu postura corporal? ¿Tu expresión facial? ¿Tu mirada? ¿Cómo es el tono y el ritmo de tu voz? Si estás solo, no tienes que fingir, sino que puedes leerlo en voz alta. ¿Puedes percibir cómo debe ser tu actitud para permitir que tu yo sufriente pueda abrirse y recibir el mensaje? ¿Y sentir cómo ello es recibido? Puede ser útil mirarte en el espejo. Si te resulta difícil identificarte tanto con el lector como con el oyente a la vez, puedes hacer una grabación mientras encarnas la compasión y escucharla después, identificándote con tu yo sufriente. Permítete ser creativo en esta práctica. Explora lo que se necesita para formar una conexión íntima y sanadora dentro de ti, entre dar y recibir compasión.

Puede ser tentador realizar esta práctica de manera precipitada. Puede parecer difícil, poco familiar o infantil. No te preocupes, no se trata de un examen, sino simplemente de otra forma de practicar. La invitación es a que puedas explorarla abiertamente y volver a ella siempre que sea útil. Todos tenemos nuestras preferencias por determinadas prácticas. En la primera sesión de un curso de *mindfulness*, algunas personas se enamoran inmediatamente de la exploración del cuerpo, mientras que otras la odian. Sin embargo, las prácticas que nos desagradan al principio pueden ser las que nos proporcionen valiosos conocimientos cuando volvemos a ellas con una curiosidad amable. Date tiempo para escribir una carta compasiva en diferentes ocasiones, abordando diferentes dificultades internas. Antes de tomar el bolígrafo, establece una conexión con la encarnación de la compasión o con un compañero compasivo. Muchos participantes, que al principio sentían resistencia, descubren lo terapéutico que puede ser este ejercicio. Por otro lado, como en cualquier práctica, no hay experiencias buenas ni malas. El acto de notar conscientemente lo que surge, sea agradable o desagradable, ya abre el camino a nuevos descubrimientos y comprensiones. A continuación te proponemos algunas preguntas y sugerencias para obtener más apoyo.

PREGUNTAS PARA REFLEXIONAR

Al practicar la redacción de una carta compasiva, podrías preguntarte: ¿Esta carta expresa realmente...

- la sensibilidad? ¿Reconoce el dolor del yo sufriente? Por ejemplo: «Veo lágrimas en tus ojos», «oigo el temblor en tu voz» o «siento la tensión en tus hombros».
- la simpatía? ¿Está en armonía con lo que experimenta la versión sufriente de ti mismo? Por ejemplo: «Me conmueve verte en este estado. Realmente siento simpatía por ti».
- la empatía? ¿Ofrece la carta una comprensión de las emociones, pensamientos y comportamientos del yo que sufre? Por ejemplo: «Por supuesto que sentiste decepción cuando tu amigo no llamó. Puedo ver que tuviste pensamientos oscuros sobre ser indigno. Esto debe recordarte experiencias pasadas en las que te sentiste abandonado. Puedo entender por qué tuviste que refugiarte bajo una manta para consolarte».
- el valor y la fuerza necesarias para afrontar y abrazar lo que es difícil? Por ejemplo: «Estoy aquí y estaré a tu lado si lo deseas. No tengo miedo de las emociones dolorosas, las conozco bien. Duelen, pero pueden ense-

ñarnos a crecer en paciencia y resiliencia. No hay que regodearse en ellas, pero tampoco hay que bloquearlas. Escuchemos lo que tienen que decir».

- una motivación real de preocuparse por el bienestar del que sufre? ¿Expresa la carta sabiduría, no solo en lo que se dice, sino también en la forma en que se dice? ¿La actitud básica es de mente abierta, sin prejuicios y con un corazón ligero? Por ejemplo: «Ojalá hubiera una forma de aliviar tu dolor. Dime si necesitas algo. Tal vez sea suficiente estar con lo que hay en este momento. Seamos pacientes y veamos cómo se asienta el cieno hasta que el agua se aclare. ¿Recuerdas cómo te reconfortaba escuchar esa canción / ir a la sauna / acariciar a tu perro / bromear con tu sobrino pequeño? Espero de verdad que encuentres lo que más te sirva. No hay necesidad de forzar nada, simplemente inténtalo cuando te sientas preparado».

Variaciones

- Si te cuesta conectar con tu lado compasivo, puedes escribir una carta de tu compañero compasivo. ¿Qué palabras y tono elegiría él?
- Puedes escribir una carta compasiva a tu crítico interno o a uno de los patrones que reconociste en el capítulo anterior. Utiliza tu creatividad, tu sentido del humor y tu capacidad de juego. Por ejemplo: «Mi queridísimo matón interno...» o bien «Honorable señora perfecta...» o «Querida adicta al trabajo, te pido disculpas por quitarte un poco de tu precioso tiempo...». Si sientes mucha resistencia en un ejercicio de escritura como este, puedes abordar la dificultad que tienes en ese momento: «Querida resistencia...».
- Si llevas un diario, puedes incorporar la escritura compasiva. Empieza por encarnar la compasión primero.

Uno de nuestros participantes, que era un ávido rapero, notó que las palabras cambiaban cuando rapeaba desde su ser compasivo.

- Por último, también puedes enviarle una carta compasiva a otra persona, a alguien que te importe o con quien tienes una relación difícil. Eso no significa que tengas que enviar la carta. Es principalmente una práctica para ti mismo, que te permite explorar cómo tu yo compasivo podría responder a otra persona.

¿Quién eres?

El ejercicio anterior puede haberte dado una idea de lo que llamamos «identificación». A menudo no somos conscientes de que nuestra mente está ocupada identificándose o autoidentificándose. Desde pequeños aprendemos a dividir el mundo entre «yo» y «no yo». Las identificaciones nos dan una sensación de seguridad en determinadas circunstancias. Intenta hacer la lista de la compra o reservar un billete sin identificarte con tus necesidades. O intenta ir a trabajar sin ser «alguien». Te arriesgarías a que te despidieran. Tenemos que identificarnos con nuestros roles y tareas, de lo contrario no podemos funcionar. Pero las identificaciones también pueden limitarnos e impedirnos funcionar. En particular, cuando nos identificamos con una imagen fija de nosotros mismos o un «ego» al que nos aferramos, independientemente de las circunstancias.

Como escritor de la carta, has sido invitado a identificarte con un yo compasivo y, como receptor, con un yo sufriente. Podemos pensar que nos referimos a un yo sólido cada vez que decimos «yo», «me» o «mío», pero a lo que nos referimos con estos pequeños términos no siempre es lo mismo. La calidad de la relación con nosotros mismos depende en gran medida de la parte de nosotros mismos desde la que miramos y de la parte de nosotros mismos a la que miramos. Nuestro clima interior puede cambiar drásticamente cuando nos miramos con una mirada crítica, indiferente o cariñosa, o cuando contemplamos un yo fracasado, aburrido o exitoso. La siguiente historia puede darte una mejor idea de lo que queremos decir.

El náufrago

Un náufrago lucha por su vida en un mar embravecido. Agotado, consigue agarrar un trozo de madera a la deriva. Esto le permite mantener la cabeza por encima del agua con menos esfuerzo y recuperar el aliento. Cuando el mar se calma, siente el frío y empieza a mirar a su alrededor.

Después de un rato ve un gran barril flotando en la distancia. Decide soltar el trozo de madera y nadar hasta el barril. Se las arregla para subirse a él. El trozo de madera ya está olvidado, y siente que su cuerpo se calienta al sol. Al cabo de unas horas se da cuenta de la gravedad de su situación. Está a la deriva, solo, en este barril, en un vasto océano. Después de mucho tiempo, ve un bote salvavidas vacío que seguramente ha debido separarse del barco antes de que se hundiera. Sin pensarlo, abandona el barril y nada hacia el bote salvavidas. Ya se ha olvidado por completo del barril cuando consigue agarrar el bote y subir a bordo. ¡Qué suerte! Incluso tiene los remos, junto con un pequeño paquete de suministros de emergencia. Come y bebe y recupera las fuerzas. Comienza a remar en dirección a donde cree que puede haber tierra.

Finalmente, sus esfuerzos se ven recompensados. Llega a una isla. Saca del agua el bote que le ha salvado y lo deja en la arena. A lo lejos ve un pueblo y empieza a caminar. Anhela el contacto humano y ya ha olvidado el barco...

El problema de la sobreidentificación

Cuando me desprendo de lo que soy, me convierto en lo que podría ser.

LAO TSE

¿No sería trágico ser un náufrago agarrado a un trozo de madera a la deriva y perder el bote salvavidas que pasa? Permítete pensar en tu ego como una herramienta de supervivencia. Aunque pretenda ser indispensable, tu ego es solo una construcción de tu mente. Y como cualquier construcción, no es permanente. El ego puede ser útil un cierto tiempo, pero debe ser revisado si las circunstancias cambian. El trozo de madera, el barril y el bote de la historia pueden considerarse metáforas de las diferentes formas que el ego puede adoptar. Temporalmente pueden ser muy útiles, incluso salvadoras, pero llega un momento en que es mejor dejarlas ir, para poder acoger otra cosa. Tanto la identificación como la desidentificación pueden ser procesos saludables. Sin embargo, el exceso de identificación puede ser estresante y consumir energía. Una buena salud psicológica implica flexibilidad en tus identificaciones. Esto puede ayudarte a sobrevivir, crecer y florecer.

¿Y mi verdadero yo?

Quizá pienses: «Un momento... realmente siento una especie de continuidad en el tiempo. Ese yo que vivía en mi cuerpo cuando era pequeño, niño, adolescente y ahora adulto, seguramente siempre estuvo ahí, ¿no? ¿No es este proceso continuo mi verdadero yo? Tienes razón, no podemos negar ese sentido del «yo», de ser el «experimentador» de nuestras vivencias y el «identificador» que se identifica. Puedes llamarlo tu «verdadero yo» si quieres. Pero ¿tiene realmente una identidad fija? Es más bien un «yo» flexible, incluso un «vacío» que se va llenando de diferentes contenidos a medida que se desarrolla la vida.[2]

«La identificación con un yo» por automatismo o por elección

Si no somos plenamente conscientes de este proceso de identificación, puede funcionar en piloto automático y causar mucho sufrimiento. Cuando el mar está agitado y las olas son enormes, es comprensible que nos agarremos a lo primero que nos salve de ahogarnos. Cuando el mar está en calma, es más beneficioso ampliar nuestras perspectivas y dar cabida a nuevas posibilidades. Esto puede ser difícil, especialmente cuando los mares turbulentos de la amenaza y el impulso se han convertido en la vida «normal» para nosotros. Si nos identificamos demasiado con las imágenes mentales que nos hemos formado de nosotros mismos o con las historias que nos contamos sobre nosotros, es fácil que nos quedemos atrapados en patrones rígidos y en relaciones infelices, tanto con nosotros mismos como con los demás.

Tener una visión restrictiva del «yo» de los demás puede ser igualmente perjudicial, ya que podemos contentarnos con ver su trozo de madera y pasar por alto su potencial. La calidad de nuestras relaciones con los demás depende de qué parte de nosotros mismos está mirando y qué parte del otro estamos mirando. Hay todo un mundo de diferencia entre un yo que culpa al otro y mira qué ha fallado y un yo compasivo que mira al otro que está sufriendo. Así que lo mejor sería calmar primero los mares agitados de las emociones fuertes y los juicios, para dar espacio al sistema de sosiego y abrir nuestras mentes y corazones.

Encarnar la compasión es una práctica valiosa a la que se puede volver una y otra vez, incluso cuando se practica la meditación de la amabilidad. Deja que los deseos de bondad fluyan desde tu yo compasivo, tanto si te diriges a ti mismo como a otra persona que sufre. Este es el siguiente paso de «La meditación de la amabilidad», si te sientes preparado para practicarla con una persona que implica un reto mayor. Esta categoría suele denominarse persona «difícil». Sin embargo, hay que tener en cuenta las comillas. No estamos sugiriendo que esta persona *es* difícil, nos referimos simplemente a que experimentas la relación con esta persona como algo difícil.

Meditación de la amabilidad: una persona «difícil»

EJERCICIO AUDIO N.°15

El resentimiento es como tragar veneno y esperar que la otra persona muera.

Fuente desconocida

Empieza conectando con la amabilidad hacia ti mismo, hacia un benefactor, hacia una o varias personas queridas y hacia personas neutras, dejando que los deseos fluyan siguiendo el ritmo de la respiración.

A continuación oriéntate hacia alguien con quien tengas alguna dificultad. Sé amable contigo mismo y no empieces con tu peor enemigo. En su lugar, elige a alguien con quien sientes algo incómodo, pero con quien hay espacio para esta práctica. Puede tratarse de alguien que te haya criticado, ignorado o amenazado de forma irrespetuosa. Recuerda que esta práctica no consiste en condonar el mal comportamiento. Más bien se trata de aliviar el sufrimiento, incluido el tuyo propio. Los sentimientos de ira, odio y resentimiento causan dolor, y tú no eres el único afectado. Así que puede ser útil comenzar esta práctica encarnando la compasión y dándote cuenta de que, como seres humanos, todos somos imperfectos y vulnerables.

Ahora visualiza a esta persona frente a ti, a una distancia segura.

¿Te imaginas mirándola a los ojos? ¿Es posible para ti ver a esta persona como un ser humano que quiere ser feliz y no quiere sufrir, igual que tú? Considera que esta persona fue una vez un niño o una niña inocente y que probablemente ha experimentado dolor y pena en su vida. Ahora intenta vivir en un mundo frenético, igual que tú. Mira si puedes enviarle un deseo amable a esta persona, un deseo desinteresado. Por ejemplo, «que te sientas seguro / que te sientas libre de sufrimiento / que te sientas en paz». Sé plenamente consciente de tus propias reacciones al repetir este deseo. No tienes que sentirte cómodo con ello. Es perfectamente normal que el dolor emocional reprimido resurja. Sentirse herido, traicionado o abandonado puede dificultar la continuación del ejercicio.

Acoge con plena conciencia lo que surja y trabaja pacientemente con cualquier resistencia. No dudes en volver a la práctica de la autocompasión. Al fin y al cabo, puede que tú seas la persona más necesitada de bondad en este momento.

Si sientes que hay suficiente espacio de nuevo, puedes volver a la persona difícil. Si la resistencia persiste, continúa con la autocompasión o elige a alguien menos difícil. Un deseo en forma de «nosotros» también puede proporcionar un espacio de práctica: «que nos sintamos seguros» o «que estemos cómodos». Del mismo modo, puedes practicar con otras personas con las que te resulte difícil llevarte bien.

Cuando hayas terminado, no olvides agradecerte a ti mismo esta práctica que requiere valor. Una forma especial de terminar es imaginar que las personas de las diferentes categorías con las que acabas de practicar están reunidas a tu alrededor. Imagina que estás con uno o más benefactores, seres queridos, personas neutras y personas difíciles, extendiendo buenos deseos a todos, como grupo, incluyéndote a ti mismo. «Que nos sintamos seguros / sanos / felices / a gusto. Que haya paz y armonía para todos».

Observaciones sobre «La meditación de la amabilidad»

Hemos introducido «La meditación de la amabilidad» paso a paso, empezando por ti mismo y pasando por un benefactor, por personas queridas, neutras y difíciles. Esta secuencia se sigue generalmente en las tradiciones budistas, donde se denomina *Metta* o «práctica de la bondad amorosa».[3]

Continúa enviando bondad a más y más grupos, y finalmente a todos los seres. No es necesario ser budista o religioso para realizar este tipo de prácticas. Puede ser útil para todos. En esta formación en compasión diseñada para otros contextos, hemos optado por enseñar una versión de esta práctica más flexible y accesible, que puede seguirse fácilmente sin faltar el respeto a ninguna tradición. Por eso la hemos llamado simplemente «Meditación de la amabilidad», o a veces —con un guiño respetuoso— *Metta light*. Que se denomine *light* ('ligera') no significa que sea una práctica menos seria. Simplemente quiere decir que la forma y la dosis se adaptan compasivamente a las necesidades de los que la practican en un entorno laico y no religioso.

La meditación de la amabilidad puede practicarse sin moderación, sin límite de tiempo ni de espacio. Todos los seres —humanos, animales u otros—, pasados, presentes y futuros, pueden ser incluidos. Quizá parezca un poco exagerado. Sin embargo, no se trata, como en un videojuego, de alcanzar niveles cada vez más altos ni de aumentar tu ego, convirtiéndote en el campeón olímpico de los deportes de la amabilidad. Es una práctica basada en *mindfulness*, que te invita a explorar con curiosidad lo que ocurre cuando trabajas con diferentes categorías de personas. La cuestión de si tu práctica tendrá un efecto sobre los demás es una cuestión abierta. En cualquier caso, puedes alimentar el sistema de sosiego y profundizar en la comprensión de tu propia mente y corazón. Esto puede ser sorprendentemente beneficioso. Barbara Fredrickson, que ha demostrado en sus investigaciones los efectos positivos de la meditación de la amabilidad, se refiere al «amor» como un «micromomento de resonancia positiva».[4] Cuando experimentamos amor, nuestros cerebros, corazones y cuerpos reaccionan armoniosamente entre sí y con la otra persona. Esto puede experimentarse incluso durante un momento fugaz, cuando intercambiamos una sonrisa con un desconocido. Aunque no veas a la persona en la vida real, la meditación de la amabilidad puede beneficiarte a ti y a tu actitud interior hacia la otra persona. Y también puede afectar a la relación de forma positiva cuando se conoce a la persona en la vida real.

Los retos de la meditación de la amabilidad

Cuando se practica con diferentes tipos de personas se pueden tener experiencias muy diferentes y encontrar dificultades específicas. Esto puede revelar áreas en ti que necesitan atención. No te sorprenderás si esto ocurre con una persona difícil, pero puede ocurrir con todo tipo de personas. Así que no dudes en volver a los deseos compasivos para ti mismo una y otra vez, y a cultivar una resonancia positiva interior con las partes sufrientes en ti. Cuando vuelves a conectar con la calma del sistema de sosiego, puedes sentir espacio suficiente dentro de ti para volver a los demás. La tabla de la página 185 enumera algunas pautas que pueden ayudarte a «resolver problemas» cuando practiques la meditación de la amabilidad con diferentes categorías.

Una alternativa sin palabras

Porque es dando como recibimos.

San Francisco de Asís

A algunas personas les resulta difícil conectar con los deseos de la meditación de la bondad amorosa o consideran que las palabras pierden su significado después de un tiempo. A continuación te proponemos una práctica que puede ser una alternativa interesante. No necesita palabras y deriva de una antigua tradición del Tíbet, donde se llama *Tonglen*, que significa 'recibir-dar'.[5] La hemos rebautizado como «respiración compasiva», o Tonglen *light*, porque —al igual que *Metta*— la ofrecemos de una forma más accesible para un contexto no religioso. Necesitarás algo de valor, ya que esta práctica te invita a relacionarte con el sufrimiento de una manera íntima. Al mismo tiempo, puedes abordarlo con ligereza y sentido del humor, dándote espacio para trabajar con lo que puedes tolerar.

Respiración compasiva: tú mismo

EJERCICIO AUDIO N.°16

Al igual que con otras prácticas, la respiración compasiva comienza con la presencia consciente y un ritmo de respiración tranquilo y relajado.

Tu mente es como un espejo luminoso, que refleja todo lo que se manifiesta. Deja que se establezca un ritmo de respiración relajante. Regresa a él una y otra vez, siempre que te des cuenta de que lo has perdido durante la práctica. No es necesario forzar la respiración, *dejar* es la palabra clave aquí. Deja que la respiración fluya libremente hacia dentro y hacia fuera. Deja que el cuerpo abra todos sus poros para recibir, llenarse y dejar ir. Cada ciclo de respiración es un intercambio sin esfuerzo con el entorno, una bienvenida y una ofrenda. Si notas la presencia de la energía de la amenaza o el impulso, la resistencia o el esfuerzo, deja que la presencia consciente y la respiración calmante regresen.

Ahora puedes imaginar que encarnas la compasión y que hay un espacio interior, una estabilidad y una resiliencia dentro de ti. Elige a continuación un área de tu vida en la que experimentas sufrimiento, algo que sientas que puedes abordar ahora mismo. Puede ser un dolor físico o emocional.

Deja que tu imaginación juegue con esto libremente. Imagina que ese dolor ocupa el espacio y se sitúa ante ti. ¿Qué aspecto tiene en tu imaginación? ¿Cuáles son sus características visuales, su color, su forma? ¿Qué otras características sensoriales imaginas que tiene? ¿Qué textura? ¿Qué olor? ¿Qué sonido? Sorpréndete con lo que tu imaginación te revela.

Ahora te invitamos a hacer algo que puede parecer extraño al principio. Imagina que, al inhalar, estás acogiendo ese dolor, permitiendo que se transforme dentro de ti en una cualidad suavizante y sanadora, que luego exhalarás. Deja que tu imaginación haga el trabajo, no hay necesidad de esforzarse. Deja espacio a la curiosidad y al espíritu lúdico. Así, por ejemplo, si inspiras oscuridad, puedes exhalar luminosidad. Si inspiras humo negro, puedes exhalar una luz blanca o dorada. Si inspiras un color determinado, puedes exhalar su color complementario, por ejemplo, inspirar el rojo y exhalar el verde. Inspirar el barro y exhalar la claridad, inspirar la pesadez, la aspereza o la dureza, y exhalar la ligereza, la suavidad y la ternura; inspirar calor, exhalar frescura, inspirar congelación, espirar descongelación, inspirar hedor, exhalar un olor agradable. Inspirar disonancia, exhalar armonía, inspirar cansancio, exhalar vitalidad. También puedes inspirar un ambiente emocional oscuro, impregnado de ansiedad, ira o tristeza, y exhalar un ambiente emocional ligero, lleno de comodidad, de paz o de alegría.

Si pierdes el ritmo de la respiración tranquilizadora mientras observas cómo emerge todo, puede deberse a que estás tratando de alejar lo que es desagradable, y tal vez reconozcas la energía del sistema de amenaza en ello. O tal vez te esfuerzas por obtener resultados, y puedes reconocer así el sistema de impulso. Acoge suavemente tu experiencia y permite que vuelva a calmarse la respiración antes de continuar con la práctica de imaginación. Si notas mucha resistencia en ti, puedes elegir un tema menos doloroso o practicar con la propia resistencia. Puedes intentar, por ejemplo, visualizar la resistencia de pie frente a ti. Imagina que estás inspirando sus propiedades y que se transforman suavemente a medida que exhalas.

Puedes ampliar la respiración compasiva añadiendo movimientos conscientes si lo deseas. Extiende los brazos y las manos hacia el dolor que tienes delante. Lleva las manos hacia el corazón con cada inhalación, en un gesto de bienvenida. Extiéndelas con cada exhalación en un gesto de ofrenda. Al enlazar estos movimientos con cada ciclo de respiración, puedes imaginar que estás inspirando lo que te

duele y exhalando lo que te cura. Alterna las prácticas con
y sin los movimientos, según sea conveniente.

Explora con amabilidad los efectos de esta práctica, ya
sean agradables o desagradables. ¿Cómo te afecta? No hay
malas experiencias. Adapta la práctica a tus necesidades.
Si sientes que hay suficiente espacio para ello, puedes
explorar otra dificultad de forma similar. Continúa durante
todo el tiempo que desees.

Desarrollar resiliencia

A primera vista, la práctica de la respiración compasiva puede
parecer extraña, ya que va completamente en contra de nuestros
instintos básicos. Seguramente querrías inspirar lo que quieres y
exhalar lo que no quieres. Sin embargo, esto funciona como una
vacuna antigripal. Tu sistema inmune fisiológico puede reforzarse al enfrentarse a gérmenes o toxinas que penetran en el cuerpo
en cantidades pequeñas y manejables. Así operan las vacunas.
Del mismo modo, tu resiliencia emocional puede desarrollarse
cuando dejas que lo que te duele entre en tu corazón. Por supuesto, también es importante hacerlo en dosis manejables, para dar
tiempo a que surja la respuesta curativa.

Al darle la bienvenida a algo difícil y, de manera simultánea, apaciguar el sistema de amenaza y al renunciar a algo
deseable mientras se apacigua el sistema de impulso, aprendes a entrar en contacto con el sufrimiento de una manera no
egoísta y pasas de alimentar un «ego-sistema» a alimentar un
«ecosistema».[6] La práctica puede ayudar a disolver estas fuertes identificaciones con el dolor y a ser generoso al ofrecer la
curación. Abre nuestros corazones al sufrimiento, sin importar
quién sufra.

Amabilidad para...	Cuando empiezas	Lo que puede ser difícil	Lo que puede ayudar
Benefactor	−Elige a alguien a quien aprecias por su sabiduría y su benevolencia. −No necesitas tener una relación personal y esa persona no tiene por qué ser perfecta. −Una mascota querida o un niño inocente también pueden ser buenas opciones.	−La preocupación por su salud o el miedo a perderlo. −Tristeza porque la persona está lejos o ha fallecido.	−Observa conscientemente todo lo que surge. −Vuelve a la autocompasión en cuanto experimentes algún sufrimiento en ti. −Permite un ritmo respiratorio relajado, una sonrisa en la cara, una mano en el corazón.
Persona querida o buen amigo	−Empezar con una persona que te hace sonreír. −Continúa con otras, pero no intentes incluir a todas las que quieres. Es solo una práctica.	−Preocupación por su bienestar. −Sentir envidia si tiene más suerte que tú. −Irritación si descuida tus necesidades.	−Imagina que encarnas la compasión con todas sus cualidades. −Regresa al otro solo cuando sientas que hay espacio suficiente para hacerlo.
Persona neutra	−Tu sentimiento no tiene por qué ser exactamente neutro. −Elige cualquier persona que esté «pasando» por tu vida o por tu mente, otros pueden seguir.	−Aburrimiento. −Indiferencia. −Somnolencia. −Impaciencia.	−Visualiza al otro a una distancia cómoda. −Imagina que miras a la cara de la otra persona y a sus ojos. −Considera la humanidad que compartes con la otra persona (por ejemplo: «Esta persona desea liberarse del sufrimiento, igual que yo»).
Persona difícil	−Elige a alguien que creas que puedes afrontar en este momento. −Date cuenta de que esa persona es vulnerable e imperfecta, como tú. −No tienes que tolerar un mal comportamiento.	−Resistencia. −Dolor emocional, rabia, ansiedad, pena, pensamientos y sentimientos de ser agraviado.	−Alterna la forma «tú» y «nosotros», por ejemplo: «Que podamos vivir en armonía». −Alterna con las otras cualidades del corazón,
Grupos humanos o animales	−Empieza por los grupos a los que perteneces y luego continúa con otros. −Puedes enfocar más, visualizando la cara de un miembro de este grupo que conozcas (aunque solo sea por la televisión o por una foto), y luego ampliar de nuevo.	−Sentirse abrumado por la intensidad del sufrimiento de personas que se enfrentan a una guerra, la pobreza o a una catástrofe natural.	la alegría empática si tienes envidia o la ecuanimidad, si te sientes abrumado (las veremos en las sesiones 6 y 7). −Alterna con la «Respiración compasiva».
Todos los seres	−Empieza con la conciencia de que todos los seres son vulnerables a la enfermedad, el envejecimiento y la muerte, y tratan de aliviar su sufrimiento y de satisfacer sus necesidades.	−Sentimientos de impotencia y desesperanza. −Sentirse insignificante o desconectado en la inmensidad del universo.	

Respiración compasiva: los demás

EJERCICIO AUDIO N.°17

Al igual que con la meditación de la amabilidad, es posible practicar la respiración compasiva con diferentes categorías de personas o de seres, siguiendo la misma secuencia. Empezando siempre con la atención consciente y un ritmo de respiración calmante, y volviendo a él siempre que sientas tensión o distracción.

Empieza con un benefactor o con alguien querido para ti. Visualiza a esta persona con el ojo de la mente y reflexiona sobre el tipo de sufrimiento que puede desempeñar un papel en su vida. A continuación conéctate con ese dolor, pena o dificultad, imaginando qué características podría tener. Puede ser que predomine un aspecto visual o tangible, o puede ser más bien una atmósfera emocional. Imagina que inspiras el sufrimiento de esa persona, acogiendo ese sufrimiento en ti y permitiendo que penetre por cada poro de tu cuerpo para dejar que se transforme en una cualidad curativa que exhalas a continuación hacia esa persona. Tal vez puedas imaginar que inspiras algo oscuro, caliente o viscoso, y que exhalas algo ligero, fresco y esponjoso. O tal vez inhalas algo frío y duro, y exhalas algo cálido y suave. Deja volar tu imaginación y presta atención a lo que surja.

Luego puedes extender esta práctica de manera similar a una persona neutra, a una persona difícil, a grupos de personas o animales, eventualmente a todos los seres. Sé amable contigo mismo. Puede parecer desalentador inspirar el sufrimiento del mundo. Pero no se trata de trabajar duro. No se trata de esforzarse o empeñarse, de tomar una carga u ofrecer más allá de tus posibilidades. No es una práctica de grandeza, sino de humildad. Es tu imaginación la que hace el trabajo. Deja que tu mente y tu corazón se abran a partir de la quietud del cuerpo, sostenida por una presencia consciente y por el fluir de la respiración sosegada. Imagina que es una cantidad de sufrimiento manejable la que fluye con cada inhalación, transformado y sanado con cada exhalación.

Haz una pausa con *mindfulness* para volver a la autocompasión cada vez que afloren emociones fuertes o reacciones de estrés. Deja que vuelva el ritmo de respiración tranquila antes de continuar. Puedes experimentar cómo vincular los movimientos de brazos y manos al acto de dar y recibir. Con cada respiración estás conectado a todos los seres vivos. La imaginación no tiene límites y el corazón puede ser tan grande como el mundo.

Hay muchas oportunidades para practicar la respiración compasiva en la vida cotidiana. Cuando entras en contacto con el sufrimiento en ti mismo, en otras personas o en animales, no siempre sabes qué hacer o decir. Esta práctica puede dar un significado más profundo al poema de Rumi, «La casa de huéspedes»,[7] ampliamente citado en los cursos de *mindfulness*. Rumi compara al ser humano con una casa de huéspedes, que acoge cálidamente a todos los visitantes inesperados, incluidos los que llegan como diversas formas de sufrimiento. Si les invitas a entrar, puede que tengan un mensaje valioso para ti. Es posible que sientas que hay barreras o brechas insalvables entre tú y el que sufre o la parte de ti mismo que sufre. Puede que trabajes con pacientes a los que te sientas incapaz de ayudar, que te enfrentes a enfermos, dementes o moribundos, que vivas cerca de una granja de explotación intensiva o que veas en las noticias víctimas de la guerra, de accidentes de tráfico o de desastres naturales. En esos momentos difíciles puedes practicar la respiración compasiva de manera informal, como otra variación del espacio de respiración de tres minutos. Esto puede ser un estímulo, incluso cuando te sientes impotente. Estás haciendo algo valioso, aunque sea una acción pequeña. Estás presente de forma consciente y sincera, con buenas intenciones.

Espacio de respiración con respiración compasiva

EJERCICIO

Los dos primeros pasos son similares al «Espacio de respiración con compasión»:
1. Estar presente con una atención abierta y amable.
2. Permitir que se establezca un ritmo respiratorio calmado.
3. Inspirar lo que duele, exhalar lo que cura.

Extiende la atención a todo el cuerpo que respira, absorbiendo y devolviendo a través de todos sus poros en un intercambio perpetuo entre lo que está dentro y lo que está fuera. Sintoniza con cualquier sufrimiento que haya en este momento, ya sea el tuyo propio o el de los demás. Deja que tu imaginación revele cualquier cualidad que pueda tener ese sufrimiento. Absorbe el sufrimiento con cada inhalación y deja que se transforme en una cualidad curativa que exhalas. Continúa todo el tiempo que desees. Vuelve a tus actividades cotidianas cuando te sientas preparado.

Agenda: Ayudante interno

EJERCICIO

Observa los momentos en los que se manifiesta el ayudante interno, observa la experiencia con curiosidad. Puedes hacer anotaciones en la hoja de trabajo.

MINDFULNESS CON CORAZÓN

PREGUNTAS PARA REFLEXIONAR

HOJA DE TRABAJO N.º16

- ¿Cuál era la situación?
- ¿Cómo y cuándo fuiste consciente del ayudante interno?
- ¿Qué te ha dicho el ayudante interno?
- ¿Qué has notado en tu cuerpo y en tus emociones?
- ¿Qué notas ahora, al reflexionar sobre esta experiencia?
- ¿Cuál podría ser una respuesta amable?

Resumen del capítulo 5

Hemos reflexionado más profundamente sobre las cualidades relacionales de la compasión. Podemos causar mucho sufrimiento en nuestras relaciones con los demás cuando nos aferramos a ideas fijas sobre nosotros mismos y sobre ellos. Podemos ampliar nuestro horizonte dejando de lado el exceso de identificación. Varias prácticas en este entrenamiento nos plantean el reto de encarnar la mejor versión posible de nosotros mismos. A través de nuestra práctica, exploramos cómo nuestro *yo* compasivo puede dirigirse a la parte de nosotros que está sufriendo mediante una carta compasiva. También exploramos cómo hacer frente a las dificultades utilizando la «Meditación de la amabilidad hacia una persona difícil». Por último, exploramos una alternativa a las palabras, la «Respiración compasiva».

Sugerencias para la práctica

Formal
- Dedica tiempo a practicar la escritura y el desarrollo de una o varias versiones de «Una carta compasiva».
- Extiende la «Meditación de la amabilidad» a una persona «difícil» y/o a una dificultad interior. (Audio N.°15.)
- Practica la respiración compasiva hacia ti mismo y hacia los demás. Si te sientes cómodo con esta práctica, puedes realizarla con mayor regularidad, como alternativa a la meditación de la amabilidad. (Audios N.°16 y 17.)
- Vuelve a las prácticas de los capítulos anteriores siempre que lo necesites.

Informal
- Practica con regularidad el «Espacio de respiración con amabilidad», el «Espacio de respiración con compasión» o el «Mantra de la compasión», siempre que encuentres dificultades en ti mismo o en los demás y surja la necesidad.
- Ejercicio de la agenda «Ayudante interno». (HT N.°16.)

Detente y permanece

Detente y permanece
en tu propio trozo de terreno,
donde están tus pies,
realmente párate allí,
todo tú, cuerpo y mente.
De este lugar
viene toda tu sabiduría,
viene cada respuesta
que te es posible conocer
ahora mismo.

Y cuando veas dolor,
agárrate fuerte a tu espada
y entiende que no puedes arreglar al otro.
En cambio, sé testigo
de ese otro cuerpo,
de toda su sabiduría encontrada y no encontrada.
Y cuando pienses
«Quiero tomar tu sufrimiento»,
solo permanece de pie.
Y cuando pienses
«Quiero tomar tu dolor»,
solo permanece de pie.
Y cuando pienses
«No puedo soportar estar aquí, tengo que hacer algo»,
solo permanece de pie.

Y si realmente debes hacer algo,
entonces recuerda el amor

y respíralo
y sé él.
Y deja que las costuras de tu alma
se ablanden y se derritan
para que el límite entre tú y yo
ya no esté ahí
y los dos seamos amor
y testigos del amor,
con los pies arraigados en la tierra y erguidos,
pregunta y respuesta.

«Stop and Stand»,
Rachel Holstead

6

Amigas de por vida

Sesión 6: Una felicidad creciente

*Que la flor de la compasión florezca en la tierra fértil
de la amabilidad, regada por el agua dulce de la alegría
compartida, a la fresca sombra de la ecuanimidad.*

Proverbio tibetano

En este capítulo abordaremos más prácticas para fortalecer nuestro sentido de humanidad común. Solemos centramos en lo que nos diferencia de los demás, cuando en realidad es mucho más lo que nos une. Todos queremos ser felices y estar libres de sufrimiento.

Por lo tanto, dedicaremos más tiempo a las cualidades del corazón y a cómo extenderlas a todos los seres humanos, y a todos los seres vivos en general.

Por supuesto, durante el entrenamiento en la compasión, dedicamos mucho espacio al sufrimiento y a cómo aliviarlo. Pero también es importante saborear los momentos de alegría en la vida y no focalizarnos únicamente en nuestras cargas o preocupaciones.

Abrazar la alegría al vuelo

El que quiere conquistar la alegría por la fuerza,
sin querer, la destruirá;
pero aquel que, cuando pasa, sabe abrazarla suavemente,
vivirá por toda la eternidad en su luz.

«Eternidad», de
WILLIAM BLAKE[1]

Si has viajado durante kilómetros por tierras áridas y aguas turbulentas, te alegrará pasar por un paisaje exuberante con cálidos rayos de sol, piscinas naturales, flores fragantes y árboles que dan jugosas frutas que puedes saborear. Del mismo modo, después de pasar mucho tiempo explorando las dificultades internas, puede ser muy refrescante saborear los placeres de las delicias sensoriales.

Recordemos que, sin que tengamos culpa alguna, nuestro cerebro está diseñado más para la supervivencia que para la felicidad. Hemos visto que nuestra memoria actúa como un velcro para lo negativo y como un teflón para lo positivo. Nuestra capacidad para identificar y detenernos en las experiencias negativas no necesita ser cultivada: es algo que nos sale naturalmente. Sin embargo, cultivar lo que es positivo y nos aporta alegría requiere práctica, al menos para la mayoría de nosotros.[2] Confiar en nuestro sistema de recompensa, que entra en modo «impulso» y busca la satisfacción y el placer fuera de nosotros mismos, no es una solución sostenible. Al contrario, es cuando nos instalamos en nuestro sistema de sosiego cuando podemos abrirnos, con plena conciencia, a las experiencias positivas, dejar que nos impregnen y saborearlas. Aferrarse a la alegría puede destruirla, como expresa el poema de William Blake con gran belleza. Si aprendemos a abrazar la alegría con ligereza, podremos apreciarla plenamente mientras dure. Esta experiencia de alegría se imprimirá entonces más profundamente en nuestra memoria, y podremos así recordarla.

En la primera sesión, introdujimos la práctica de «Un paseo agradable» como una forma de ayudarnos a tomar conciencia y alimentar los momentos placenteros a medida que nos llegan. La siguiente práctica nos ayuda a cultivar esta cualidad de la alegría, utilizando nuestra memoria e imaginación.

Revisitar lo bueno

EJERCICIO AUDIO N.°18

Sentado o tumbado, con comodidad, plenamente presente, permite que la respiración vaya calmándose.

¿Recuerdas alguna situación reciente en la que hayas visto algo que te haya llenado de alegría? Tal vez sea la visión de la cara sonriente de un ser querido, de unos niños jugando en un parque, la belleza de una flor, un paisaje, una puesta de sol o una obra de arte. Imagina que estás mirando ahora lo que viste entonces. ¿Qué colores, formas y detalles te emocionaron y te llenaron de alegría? ¿Qué ocurre ahora, cuando vuelves a conectar con esta experiencia? ¿Qué notas en la cara y el cuerpo y en la zona del corazón?

Ahora piensa en una ocasión en la que hayas escuchado algo que te haya llenado de alegría. Tal vez el sonido de una risa, el canto de un pájaro, el sonido de las olas o una hermosa música. Imagina que ahora estás escuchando lo que oíste entonces. Explora qué fue lo que hizo que el sonido tocara tu fibra sensible. Explora los detalles de la experiencia. ¿Qué notas ahora en el corazón y en el cuerpo? Pasemos ahora a una experiencia olfativa que te haya llenado de alegría. Quizá el olor de la comida, un perfume agradable o un aroma de la naturaleza. Imagínate respirando profundamente y oliendo en este momento lo que olías entonces. ¿Cómo te afecta ahora, en la nariz y en el resto del cuerpo?

A continuación imagina con detalle una situación en la que el sentido del gusto fuera el canal de la alegría. Imagina que ahora saboreas lo que entonces saboreaste y lo sientes en la lengua. ¿Qué notas en la boca y en el resto del cuerpo?

Explora una situación en la que el sentido del tacto fuese fuente de alegría. Tal vez tocaste algo cálido o suave, acariciaste la piel o el pelo de un ser querido o el de tu mascota. Puede que te haya gustado sentir el calor de los rayos del sol, la brisa fresca del viento, los granos de arena entre los dedos de los pies en la playa. Imagina que ahora sientes lo que sentías entonces. ¿Qué sensaciones notas en la piel, en el resto del cuerpo, en la zona del corazón?

Del mismo modo, puedes explorar otras experiencias placenteras que se te revelan a través de las diferentes puertas de tus cinco sentidos, ya sea a través de la vista, el oído, el olfato, el gusto o el tacto. Observa las sensaciones corporales, las asociaciones, los pensamientos y las emociones que las acompañan.

Los cinco sentidos que acabas de explorar nos conectan con el mundo exterior. También distinguimos un sexto sentido, la mente, con el que podemos reflexionar y sentir emociones. ¿Recuerdas algún momento en el que este sentido de tu mundo interior fuera la puerta de entrada a una experiencia alegre? Tal vez te sorprendió un hermoso pensamiento o una revelación, una experiencia como «Ah, ahora lo entiendo». Tal vez te haya conmovido una metáfora, una historia o un poema. Imagina que ahora estás experimentando lo que viviste entonces. ¿Qué te tocó? ¿Cómo te afecta ahora, al volver a relacionarte con ello?

Paradójicamente, este ejercicio también puede suscitar tristeza y pena por lo que se ha perdido o una añoranza dolorosa de lo que falta. Tal vez esto también puede reconocerse y apreciarse como parte del ejercicio y puede requerir igualmente una respuesta compasiva.

Dedica todo el tiempo que quieras a revisitar lo bueno y a explorar la maravillosa experiencia de la alegría. Podemos encontrar la alegría en cualquier lugar, siempre que abramos las puertas de nuestros sentidos y nos tomemos el tiempo de permanecer, con plena conciencia, en la quietud de nuestro sistema de sosiego. Incluso en medio de la oscuridad, algo puede iluminar y llenar nuestro corazón de alegría. Puedes cerrar esta práctica colocando una mano en el corazón, apreciando la capacidad del corazón de llenarse de alegría y felicitándote por haber dedicado tiempo a esta práctica.

Las tres puertas a la felicidad

En el primer capítulo distinguimos entre las sensaciones placenteras de corta duración del sistema de recompensa (modo impulso) y las emociones positivas más duraderas de nuestro sistema de sosiego. La paradoja de buscar la felicidad desde nuestro sistema de impulso es que puede generar sufrimiento, con más frustraciones, decepciones y adicciones. Cuanto más buscamos la felicidad de esta manera, más parece que se nos escapa. ¿Existen otras formas de desarrollar una alegría más estable en el tiempo?

La investigación científica nos dice que la felicidad no depende tanto de *lo que nos ocurre*, sino de *cómo lidiamos con ello*.[3] Las personas ricas no son necesariamente más felices que las personas pobres. El lujo y las posesiones excesivas pueden incluso crear infelicidad, mientras que el sufrimiento puede ser una puerta de entrada a la felicidad, cuando es recibido con compasión.

¿Qué se puede decir de la felicidad en general? En la psicología positiva se han identificado al menos tres factores que contribuyen a ella:[4]

- *Una vida agradable:* saborear la vida a través de los placeres sensoriales
- *Una vida comprometida:* conectarse de manera cálida con los demás
- *Una vida con sentido:* encontrar un propósito y comprometerse con valores

La vida agradable se cultiva a través de prácticas como: «Un paseo agradable», «Alimentar el sistema de sosiego», «Saborear y revisitar lo bueno», como en el ejercicio anterior.

La vida comprometida se nutre de prácticas que acortan las distancias entre nosotros y los demás, y profundizan nuestro sentido de humanidad común y de conexión con todos los seres vivos. Antes de decir algo más sobre el sentido de la vida, vamos a profundizar en la cuestión de la vida comprometida.

Figura 5.1 El desafío de la compasión – Viviendo con el corazón

Cuatro amigas de por vida

La amabilidad, la compasión, la alegría compartida —que a veces recibe el nombre de alegría empática— y la ecuanimidad son las cuatro cualidades del corazón a las que llamamos las «Cuatro amigas de por vida». Hemos prestado mucha atención a las dos primeras. Ahora pondremos el foco en las segundas. Pero antes de abordarlas es importante recalcar que cuando cultivamos estas cuatro cualidades con la práctica, se convierten en valiosas compañeras a lo largo de toda nuestra vida. Son cualidades relacionales esenciales, ya que nos ayudan a comprometernos con los demás y con nosotros mismos de forma no egoísta. Mueven la atención del «ego-sistema» al ecosistema o del «yo» hacia el «nosotros». En el budismo, se denominan las «Cuatro ilimitadas» o «Inconmensurables».[5] Sus prácticas, en efecto, no tienen límites y cultivan un corazón ilimitado, que abarca a todos los seres: pasados, presentes y futuros, cercanos y lejanos. Nadie está excluido, ni nuestros enemigos ni nosotros mismos. Puede que en este punto levantes una ceja y pienses: «¿Todo esto es para una persona normal como yo?». No decimos que sea siempre fácil, pero, como esperamos demostrar, puede ser más sencillo de lo que crees.

Los viajeros utilizan instrumentos como brújulas y barómetros cuando atraviesan un territorio desconocido en condiciones meteorológicas cambiantes. Del mismo modo, nuestro «barómetro interior» (figura 6.1) puede ayudarnos a elegir qué cualidades del corazón practicar en diferentes circunstancias. La amabilidad es nuestra amiga en cualquier tipo de tiempo meteorológico y siempre se puede practicar, especialmente en las condiciones habituales. Pero cuando la amabilidad entra en contacto con el sufrimiento, se convierte en compasión, y esto es lo que necesitamos cuando nuestro clima interior es sombrío, lluvioso y frío. La amabilidad se convierte en alegría empática cuando se encuentra con condiciones climáticas claras, soleadas y cálidas, que podemos saborear, apreciar y celebrar. Podemos comparar la ecuanimidad con la solidez del soporte fiable, que le da estabilidad al barómetro en condiciones extremas de temperatura, turbulencia e imprevisibilidad. La ecuanimidad aporta calma y equilibrio interior en medio del caos.

Cada una de las cualidades del corazón puede ser un remedio cuando nos atraen sus opuestos, que envenenan nuestra vida y cierran nuestro corazón. La amabilidad es un remedio para el odio; la compasión, para la crueldad; la alegría empática, para la envidia, y la ecuanimidad, para el exceso de implicación y el engreimiento.

Estas cuatro amigas nos ayudan a mantener una práctica equilibrada y a evitar las trampas de una visión unilateral. Por ejemplo, si nos sentimos abrumados por el peso del sufrimiento durante la práctica de la compasión, introducir amabilidad o alegría empática puede contribuir a que la práctica sea más ligera. Si estamos desestabilizados por una ansiedad excesiva, por la avidez, o nos vemos abrumados por emociones intensas, la ecuanimidad se convierte en la amiga que necesitamos. Si, por el contrario, experimentamos aburrimiento o indiferencia, podemos volver a la compasión y a la alegría empática. De este modo, combinamos la práctica de *mindfulness* con una mayor sensibilidad del corazón para responder a las circunstancias de la forma más adecuada.

Figura 6.1 El barómetro interior

También puede serte útil pensar en una profesora y en cómo trata a los diferentes niños de su clase. Ella quiere que todos sus alumnos sean felices y tengan éxito, y esto se plasma en su actitud básica de amabilidad. Muestra una alegría apreciativa con los niños que tienen éxito, utilizan sus talentos y florecen. Mira con compasión a los que tienen dificultades de aprendizaje, mala salud, problemas en casa o necesidades especiales. También puede haber niños con comportamientos desafiantes y antisociales, que intimidan a otros y faltan a la escuela. Su actitud hacia estos niños se caracteriza por la ecuanimidad. Contiene sus propias emociones y las de ellos, pone límites y se mantiene firme. No acepta el mal comportamiento, pero sin embargo les desea lo mejor dándoles espacio para aprender.

A continuación se presenta un cuadro comparativo que resume las características de las cuatro cualidades del corazón.

	Motivación	Intención	Remedio contra	Trampa
Amabilidad	Conciencia del deseo de bienestar	Promover el bienestar	Odio, animadversión	Apego, exceso de sentimentalismo. Afecto egoísta, complacencia
Compasión	Conciencia del dolor y del sufrimiento	Aliviar el sufrimiento	Crueldad, alegrarse de lo que va mal	Lástima, autocompadecerse, solemnidad, dramatizar
Alegría empática	Conciencia de la prosperidad y la alegría	Alegrarse de la buena suerte y de la felicidad	Envidia, celos	Hipocresía, sobreexcitación
Ecuanimidad	Conciencia del desequilibrio y de la no permanencia	Promover la paz, el equilibrio y la armonía	Sobreimplicación, orgullo, parcialidad	Indiferencia, apatía

Ahora, si quieres permanecer un poco más de tiempo en áreas agradables de tu vida, ¡sobre todo no te prives! Sé amable contigo mismo y practica una y otra vez el saborear, con el ejercicio de «Revisitar lo bueno».

Si te sientes preparado para explorar otra zona de sufrimiento que quizá nunca hayas explorado antes, te invitamos a probar el siguiente reto.

Darle una oportunidad a la paz[6]

Perdonar es liberar a un prisionero y descubrir que ese prisionero eras tú.

Anónimo

Así como la vida comprometida y el compromiso en general se asocian a la felicidad, la *desvinculación* va acompañada de sufrimiento e infelicidad. ¿Qué se puede hacer cuando el camino de la conexión contigo o con los demás parece estar bloqueado? ¿Hay alguna otra forma de reconectar?

En el capítulo anterior ya has practicado cómo relacionarte de manera compasiva con una parte de ti mismo que sufre, y también cómo dirigir amabilidad hacia una persona difícil. Esto puede ser particularmente duro si no puedes aceptar tus propios comportamientos inadecuados o erróneos o los de los demás. Todos podemos hacernos daño unos a otros de vez en cuando. A veces deliberadamente, a menudo sin querer. Podemos odiarnos profundamente a nosotros mismos y a los demás por ello, y sentir que estamos atrapados en la maldad, el resentimiento y la dureza interior. Pero esto solo genera más sufrimiento. Una de las ventajas de nuestro cerebro nuevo es que nos permite practicar el perdón.

No es de extrañar que muchas religiones y tradiciones de sabiduría valoren el perdón y le den una importancia considerable. El perdón protege el corazón del veneno del resentimiento. El arzobispo Tutu explicó por qué tuvo que encontrar una manera de perdonar a quienes habían cometido horribles crímenes bajo el régimen del *apartheid* en Sudáfrica.[7] Tuvo que perdonar para evitar que su corazón se envenenara. Por lo tanto, el perdón no es un lujo, sino una necesidad si queremos mantener la salud mental. El perdón requiere compasión, pero también requiere, quizá más aún, ecuanimidad para poder mirar las acciones dañinas con una perspectiva más amplia, manteniendo el equilibrio en medio de emociones fuertes y juicios duros.

La psicología moderna confirma que el perdón es un camino real, privilegiado, hacia la buena salud emocional.[8] Sin embargo, no es un ejercicio fácil, por lo que solo lo introducimos en una fase avanzada del programa. Te invitamos a acercarte a él con delicadeza a través de tres ejercicios inspirados por Tara Brach,[9] en los que se puede explorar el perdón. Quizá la mejor manera de apreciar la sensibilidad de este trabajo es siendo de manera simultánea tanto el dador como el receptor de una intención de perdón, tal y como se propone en el primer ejercicio. Si sientes que hay suficiente espacio para ello, puedes continuar con los otros dos ejercicios. En primer lugar, prueba estas prácticas en la intimidad de tu mente y tu corazón. Siempre puedes decidir más tarde si deseas acercarte a otras personas involucradas y realmente pedirles perdón u ofrecerles perdón.

Déjate guiar por la sabiduría que surge de estos ejercicios. Pueden ofrecerte una forma de encontrar más paz interior frente a las grietas en tus relaciones, tanto con respecto a ti mismo como con los demás. ¿Y quién sabe si esto no puede llevarte a reparar, de alguna manera, relaciones rotas?

Perdonarse a sí mismo

EJERCICIO AUDIO N.º19

No es lo perfecto, sino lo imperfecto, lo que tiene necesidad de amor.

OSCAR WILDE

Empieza haciendo una pausa con atención plena. Permite que surja un ritmo respiratorio calmado. Recuerda que puedes volver a esta práctica básica una y otra vez. Tal vez sea útil que recuerdes que puedes conectar con un compañero compasivo o con la práctica de encarnar la compasión, ahora y siempre que te des cuenta de que estás volviendo a caer en la autocrítica.

Todos hemos hecho cosas en nuestra vida de las que nos arrepentimos y que nos hacen sentir mal con nosotros mismos. Te sugerimos que elijas un área con la que te sientas cómodo para empezar. Más adelante a lo mejor sentirás que hay espacio suficiente para explorar algo más difícil. Puede que hayas hecho o dicho cosas hirientes a alguien, o que hayas descuidado algo que deberías haber hecho. Es posible que hayas dejado de lado a un amigo o le hayas decepcionado, que le hayas gritado a tu hijo, que hayas olvidado enviar una felicitación de cumpleaños, hayas descuidado a tu mascota o faltado a la verdad con tu pareja. Tal vez hayas sido grosero o quizá hayas perdido una oportunidad de ser amable. Es posible que sientas vergüenza, culpa o remordimiento cuando piensas en ello.

Empieza por mirar alrededor de esta zona de dureza, explorándola con curiosidad, como un paisaje interior. ¿Qué hay por descubrir? ¿Qué sensaciones están presentes en el cuerpo? ¿Qué emociones, pensamientos, imágenes o historias pasan por tu mente? Obsérvalas sin juzgarlas, conectando con tu intención de aliviar el sufrimiento. Mientras exploras esta zona de dureza, permite que calen en ti una serie de preguntas y toma nota de lo que tocan en ti. No fuerces las respuestas. Mantente presente con las preguntas y observa con atención consciente cómo las reacciones y las respuestas surgen por sí solas.

¿Cómo surgió y se desarrolló esta dureza interior? ¿Recuerdas dónde y cuándo hiciste lo que hiciste? ¿Qué pasó? ¿Lo hiciste a propósito? ¿Fue una decisión consciente o un impulso del momento? ¿Estabas en modo amenaza o impulso?, ¿atrapado en una reacción de estrés o en un patrón interno? ¿Elegiste las causas de este comportamiento? ¿Previste las consecuencias de tus actos? ¿Lo volverías a hacer, con la sabiduría que has adquirido ahora? ¿Cuántas personas que caminan por este mundo crees que han hecho algo parecido en su vida? ¿Hay algo valioso que hayas aprendido de esta experiencia o que puedas aprender de ella? ¿Una invitación a hacer las paces contigo mismo?

Recuerda que este ejercicio no consiste en condonar los errores o los comportamientos insensatos. Es una invitación a hacer las paces con la persona vulnerable e imperfecta que hay detrás del comportamiento. Sí, tú mismo, como la mayoría de los seres humanos, no eres del todo perfecto. La mayoría de nosotros hacemos cosas de las que luego nos arrepentimos. A menudo nuestra sabiduría está de vacaciones. Quizá nos falte claridad, nos sintamos agobiados o cansados. Podemos seguir ciegamente nuestras emociones y actuar de forma instintiva, por miedo, ira o celos. ¿Qué tal si reconoces tus imperfecciones y consideras hacer las paces contigo mismo? Solo tienes que saborear esta palabra en tu lengua: *perdonar*. ¿Cómo sería perdonarte a ti mismo? Puedes simplemente intentar decir, por ejemplo: «Entiendo que lo que hice fue perjudicial. Estoy dispuesto a aprender de esto. Veo que no perdonarme a mí mismo causa aún más daño. Por eso, me perdono». ¿Puedes decírtelo a ti mismo sinceramente y aceptarlo? Observa con plena conciencia lo que está sucediendo. Aquí no hay malas experiencias. Tal vez esto suavice la dureza interna, tal vez no.

Si las palabras pueden ser acogidas, continúa repitiendo suavemente «me perdono» o «estás perdonado». Si sientes resistencia, puede que *perdón* no sea la palabra que necesitas oír en este momento. Quizá otras palabras, frases o reflexiones sean más apropiadas. ¿Qué tal la intención de perdonar? «Que esté dispuesto a perdonarme una vez, algún día...» o «Me deseo a mí mismo poder perdonar / la comprensión / el consuelo / la paz» o «Que aprenda de mis errores». Si otra persona ha sufrido por tu culpa, un deseo utilizando la palabra *nosotros* puede ser más inspirador: «Que hagamos las paces» o «Que vivamos en armonía». Las palabras pueden reforzarse con una sonrisa en la cara o una mano en el corazón.

A veces no es posible encontrar palabras adecuadas. Quizá prefieras practicar la respiración compasiva, que no necesita palabras. Imagina que pones la dureza, el dolor o la resistencia frente a ti, la inhalas y permites que se transforme en una energía suavizante que exhalas. También puedes añadir movimientos con los brazos y manos.

Y, por supuesto, si sientes que no tienes suficiente espacio en torno al tema que has estado explorando, puedes perdonarte por esto también y felicitarte por, al menos, haber empezado este difícil trabajo.

Este extracto del poema «Anoche, cuando dormía», de Antonio Machado, incluido en *Soledades, galerías y otros poemas* (1907),[11] puede ser una buena manera de terminar:

Anoche, cuando dormía,
soñé, ¡bendita ilusión!,
que una colmena tenía
dentro de mi corazón;
y las doradas abejas
iban fabricando en él,
con las amarguras viejas,
blanca cera y dulce miel

HOJA DE TRABAJO N.°17

- ¿Qué aspectos de dureza interior has explorado?
- ¿Qué has notado en el cuerpo? ¿Qué emociones y pensamientos?
- ¿Cómo se desarrolló este aspecto de dureza interior?
- ¿Lo hiciste a propósito?
- ¿Pudiste prever las consecuencias en ese momento?
- ¿Cómo ha sido ofrecerte el perdón?
- ¿Ha habido una palabra, un deseo, una imagen o un gesto que haya tenido el efecto de suavizar?
- ¿Qué notas ahora que estás pensando en este ejercicio?
- ¿Cuál podría ser un deseo amable para ti mismo en este momento?

Pedir perdón

EJERCICIO AUDIO N.°20

En este ejercicio puedes explorar tu disposición a pedirle perdón a alguien a quien hayas dañado, herido o perjudicado de alguna manera. En la vida real, esto puede ser muy difícil. «Sorry seems to be the hardest word» («Lo siento parecen ser las palabras más difíciles») se ha convertido en una canción clásica.[12] Pero no tienes que sentirte preparado para pedir perdón en la vida real. Puedes empezar por hacerlo en tu imaginación. El hecho de que la persona afectada esté o no dispuesta a perdonarte no es importante para esta práctica. Lo único que tienes que hacer es abrir una vía de reconciliación con esa persona por tu parte. Por supuesto, es difícil pedir perdón si no eres capaz de perdonarte a ti mismo. Si sientes que este es el caso, entonces vuelve a la práctica de perdonarte a ti mismo.

Trae a la mente una situación en la que hayas herido a alguien. Imagina esta situación con todos los detalles que te permita tu memoria, centrándote especialmente en el dolor o la decepción que hayas podido causar a la otra persona. Imagina que sientes lo que él o ella sintió. Ahora observa si puedes sentir que hay suficiente espacio para perdonarte a ti mismo en primer lugar. Luego imagina que miras a la otra persona a los ojos. Puedes susurrar suavemente su nombre, seguido de palabras como: «Me doy cuenta de que te he causado dolor y siento todo lo que he hecho. No puedo cambiar el pasado, pero nuestra relación es importante para mí y deseo que podamos vivir en armonía, ahora y en el futuro. Que, con el tiempo, me perdones. Que vivamos en paz».

En lugar de trabajar con las palabras, también puedes practicar la respiración compasiva. Imagina que respiras el dolor que le has causado a la otra persona, permitiendo que se transforme en tu corazón en una cualidad sanadora, consoladora o reconfortante que exhalas hacia esa persona.

Perdonar a los demás

EJERCICIO AUDIO N.º 21

La venganza es una forma perezosa de duelo.
Anónimo

Al igual que tú les has hecho daño a algunas personas en tu vida, probablemente algunas personas te han hecho daño a ti. Si sientes que tu corazón se ha endurecido hacia ellas, entonces hay una tercera área que explorar. ¿Puedes considerar la posibilidad de perdonar a alguien que te ha causado dolor y sufrimiento? Acércate a esta zona solo si sientes suficiente claridad mental y espacio en tu corazón para hacerlo. No empieces con la persona más difícil. Recuerda que perdonar a los demás no es tolerar su comportamiento. Se trata de detener el sufrimiento innecesario. Ya has sufrido por la propia acción y seguirás sufriendo si te envenenas con emociones destructivas como el odio, el resentimiento y el rencor. Puede que sientas que la otra persona no merece el perdón, pero ¿y tú? ¿No mereces la paz? Entonces, ¿quieres darle ahora una oportunidad a la paz?

Perdonar a los demás comienza con la autocompasión, reconociendo y acogiendo conscientemente tu dolor y tus reacciones emocionales, así como todos los juicios y las narrativas que tu mente construye en torno a ellos. Si puedes abrazar tu dolor y tu reactividad con compasión, entonces tal vez puedas sentirte preparado para abrir tu corazón a la persona que te ha herido y mirar lo que hay detrás de su comportamiento.

¿Puedes ver a esta persona como un ser humano vulnerable, igual que tú, que anhela ser feliz y liberarse del sufrimiento, igual que tú? Es posible que no haya tenido mucha elección en las condiciones que la condujeron al comportamiento que te perjudicó. Y también es posible que no haya discernido las consecuencias de sus actos. Aunque esta persona te haya perjudicado intencionadamente, puede haber sido maltratada por otros en el pasado.

Imagina que esa persona se encuentra a una distancia adecuada de ti, y comprueba si puedes dar un paso hacia el perdón. Puedes mirarla a los ojos, decir su nombre y pensar: «Siento dolor como reacción a lo que has hecho. No me resulta fácil, pero quiero hacer lo que pueda para aliviar el dolor que han provocado tus acciones, tanto para mí como para ti. No podemos cambiar el pasado, pero podemos esperar un futuro mejor. Todos tenemos nuestras imperfecciones, y las muchas circunstancias que han moldeado nuestras vidas no fueron elegidas por nosotros. Lo que hiciste no estuvo bien, pero te perdono, como ser humano». A continuación puedes repetir suavemente un deseo amable que ablande tu corazón hacia esa persona, en una frase en la que utilices *tú* o *nosotros*. Por ejemplo: «Que surja sabiduría de nuestros errores pasados. / Que nos liberemos del sufrimiento. / Que vivamos en paz».

Explora los efectos de esta práctica con plena conciencia. Sé sincero contigo mismo y ajusta las palabras si te resulta demasiado difícil perdonar en este momento. Vuelve a la autocompasión tan a menudo como lo necesites. Deseos como «que me abra a la intención de perdonar» o «que pueda considerar hacer las paces con esa persona» son quizá más accesibles. Otra posibilidad es respirar con compasión, inhalando tu propio dolor y el de la otra persona, y exhalando energía curativa.

Explorar las zonas dolorosas de nuestro interior puede hacernos revivir viejas penas y tristezas, pero también puede hacernos conscientes de lo que realmente nos importa. En el trabajo del perdón, un sentimiento de profunda gratitud puede llenar nuestros corazones si nos sentimos verdaderamente perdonados o si podemos perdonar sinceramente a otra persona y apreciar lo que hemos aprendido del dolor y el sufrimiento.

Gratitud: la memoria del corazón[13]

Recibir algo que apreciamos puede llenarnos de alegría o alivio. La *gratitud* es un profundo reconocimiento de lo que se nos da. Damos valor al presente y lo atesoramos en nuestro corazón, para que nos acompañe allá donde vayamos. Quizá hayas observado en el ejercicio «Revisitar lo bueno» que la alegría y la gratitud suelen estar estrechamente relacionadas. Pero liberarse del dolor o hacer las paces con algo doloroso también puede ser recibido con gratitud.

La gratitud nos conecta con una vida llena de sentido. Puedes pensar racionalmente en el sentido de la vida, consultar libros o a estudiosos del tema, pero la pregunta «¿cuál es el sentido de mi vida?» permanecerá probablemente sin respuesta. Sentir gratitud nos pone en contacto con lo que realmente importa en la vida. Ya no necesitamos *pensar* en el sentido de la vida. Lo *sentimos* y, por tanto, lo *conocemos*.

Ser plenamente conscientes de lo que nos llena de gratitud es una práctica saludable. Las investigaciones han confirmado que reflexionar regularmente sobre lo que te hace sentir agradecido te hace más feliz y más sano.[14] Para muchos creyentes, recitar una oración de agradecimiento es un ritual diario. Los no creyentes también pueden cultivar una práctica regular de la gratitud. En ambos casos, la práctica es mucho más poderosa si se realiza con atención consciente. El siguiente ejercicio puede ser un buen comienzo.

Gratitud

HOJA DE TRABAJO N.º18

Busca una postura cómoda —siéntate o túmbate—, establece un ritmo de respiración calmado y presta atención consciente a este momento. Entonces invita a que surjan en la mente algunas cosas que valoras y por las que te sientes agradecido. Pueden ser circunstancias, acontecimientos, personas, animales, paisajes de la naturaleza. Recuerdos de experiencias recientes o más antiguas. También pueden ser cualidades o talentos personales de los que te sientas satisfecho, cosas que hayas aprendido, desarrollado y compartido. Explora estas cosas que te llenan de gratitud, una por una, con *mindfulness*. Pregúntate cada vez: «¿Qué es lo que hace vibrar la cuerda de la gratitud en mí? ¿Qué noto en mi cuerpo, en mi corazón y en mi mente? ¿Qué noto ahora que reflexiono sobre ello?». De este modo puedes seguir explorando el paisaje de la gratitud. Si quieres tomar notas, puedes utilizar la hoja de trabajo correspondiente.

En realidad, no es fácil encontrarle un sentido de la vida, y mucho menos sentirse agradecido, cuando experimentamos momentos difíciles. ¿Qué significado podemos encontrar en la guerra y el desastre, el trauma, la pérdida, la enfermedad y la muerte? Tal vez una de nuestras mayores capacidades como seres humanos sea la de encontrar sentido incluso en las peores situaciones. Los cuentos de hadas y los relatos épicos más apreciados suelen ser los que nos hablan de tesoros ocultos y de la luz que surge en medio de la oscuridad. Tal vez ya hayas experimentado por ti mismo cómo la fuerza interior y la resiliencia pueden crecer y revelarse frente a la adversidad. El siguiente ejercicio se basa en el proverbio «Every cloud has a silver lining», que traducido de manera literal dice: «Cada nube tiene un borde plateado», o como se suele decir en español de forma a lo mejor menos poética: «No hay mal que por bien no venga». En una sesión de formación, solemos pedir a los participantes que hagan este ejercicio por parejas.

El borde plateado

Es el viento en contra lo que hace que la cometa se eleve.

Refrán chino

Empieza como siempre, con atención consciente y un ritmo respiratorio calmado. Conecta suavemente con un momento difícil de tu vida. Elige algo sobre lo que te sientes capaz de reflexionar. Tómate tu tiempo para considerar esa «nube oscura» en tu historia personal. Entonces, empieza a explorarla, buscando su «borde plateado» o, si prefieres, un rayo de luz o de esperanza. ¿Salió algo bueno de esta experiencia difícil? ¿Quizá hayas aprendido algo que no habrías aprendido de otra manera? Del mismo modo, puedes reflexionar sobre otros periodos oscuros de tu vida, centrándote en sus «bordes plateados».

Ahora piensa en un aspecto oscuro de tu vida actual, un área de sufrimiento o dilema en el que te sientas atrapado. ¿Qué rayo de luz, qué resquicio de esperanza te gustaría ver surgir alrededor de esa nube oscura a la que te enfrentas ahora mismo? ¿Qué desearías haber aprendido de ello cuando lo recuerdes más tarde? O, utilizando otra metáfora: ¿Qué flor de loto esperas que crezca de este barro?

Del mismo modo, puedes considerar otras zonas de barro que pueda haber en este momento en tu vida, pensando en las flores de loto que te gustaría ver florecer en ellas. Si haces este ejercicio solo, puedes concluirlo con deseos amables, relacionados con los bordes plateados o las flores de loto que hayan florecido de esas situaciones difíciles, repitiendo estos deseos suavemente con un ritmo de respiración relajante.

Si estás practicando en pareja, puedes compartir con tu compañero una historia sobre algo bueno surgido de una dificultad pasada. Una persona habla con *mindfulness* mientras la otra escucha, también con *mindfulness*, sin intervenir. Después se invierten los papeles. Del mismo modo, podéis compartir por turnos el deseo de algo bueno que os gustaría ver surgir de una dificultad actual en vuestras vidas. Después podéis reflexionar juntos, sosteniendo un diálogo consciente, enraizados ambos en una atención plena. ¿Qué se siente al hablar y ser escuchado en silencio? ¿Qué se siente al escuchar y asimilar en silencio lo que dice el otro? ¿Qué resonó en tu propio corazón?

El siguiente ejercicio puede arrojar algo de luz sobre lo que es una vida con sentido. Es una invitación a reflexionar sobre los valores que nos llegan al corazón y que dan un sentido de dirección y propósito a nuestras vidas. Un valor intrínseco es como un faro que nos alumbra desde lejos, guiándonos en nuestro camino. En medio de la oscuridad y el mal tiempo, los marineros apenas pueden distinguir lo que los rodea, pero siempre pueden ver el faro en la distancia. Los valores no son objetivos que se puedan alcanzar sin más. De nuestros valores pueden derivarse objetivos alcanzables, pero los valores en sí mismos nunca se alcanzan o cumplen, sino que requieren un compromiso permanente. La amistad, el amor, la justicia, la paz, la conservación de la naturaleza, la salud y la espiritualidad son ejemplos de valores fundamentales.

Descubre tus valores

HOJA DE TRABAJO N.º19

Quien tiene un por qué para vivir puede manejar casi cualquier cómo.

FRIEDRICH NIETZSCHE[15]

Empieza haciendo una pausa con atención plena, dejando que el cuerpo se enraíce en una postura relajada. Ahora reflexiona sobre las cosas que son realmente valiosas para ti. ¿Qué te gustaría que representara tu vida? Puede ser útil imaginar cómo te gustaría que fuera tu vida cuando mires atrás dentro de diez o veinte años, o cuando se acerque el final. O puedes ir aún más lejos. Imagina a tus seres queridos reunidos en tu funeral. ¿Qué te gustaría que dijeran de ti y de tu vida? ¿Cómo te gustaría que te recordaran? ¿Qué palabras serían apropiadas para un epitafio? Tómate el tiempo que necesites para responder a estas preguntas y a las siguientes. Si no hay respuestas, permite que las preguntas penetren profundamente en ti y toquen aquello que resuene con ellas.

- ¿Cuáles son tus valores? ¿Qué sentido quieres que tenga tu vida?
- ¿Cómo expresas estos valores en tu vida diaria?
- ¿Qué obstaculiza la expresión de tus valores?
- ¿Qué te ayudaría a expresar tus valores?
- ¿Cuál podría ser un deseo amable hacia ti mismo? Si lo deseas, puedes utilizar la hoja de trabajo correspondiente para hacer anotaciones.

Dedicar tu vida a expresar tus valores puede llenarla de sentido, vitalidad y alegría. Así que la recompensa por seguir tu corazón no está en el futuro, sino que se vive y se disfruta en el aquí y ahora. Por supuesto, también encontrarás obstáculos en tu camino, pero esto no hace que tus valores sean menos útiles. Al contrario, es precisamente porque son tan valiosos que resulta difícil y doloroso. En la Terapia de aceptación y compromiso (ACT) se suele insistir en que es en tu dolor donde entras en contacto con tus valores y es en tus valores donde entras en contacto con tu dolor.[16] La ciencia confirma cada vez más lo que las sabidurías tradicionales nos han enseñado siempre, que los valores prosociales están fuertemente vinculados a la felicidad.[17]

Resulta por ello aún más apropiado concluir este capítulo llevando la meditación de la amabilidad un paso más allá e incluyendo esta vez a todos los seres vivos

Meditación de la amabilidad: los grupos y todos los seres

EJERCICIO AUDIO N.°22

Adopta una posición cómoda, ya sea sentado o tumbado. Comienza, como siempre, con los dos primeros pasos del «Espacio de respiración con amabilidad». Conecta, al principio, con un deseo amable que sea adecuado para ti en este momento.

A continuación elige un grupo al que pertenezcas, por ejemplo, tu familia, tus compañeros de trabajo, tu club deportivo, tu grupo de meditación, la gente de tu calle, pueblo, ciudad, país. ¿Cuál podría ser un deseo amable para este grupo? Repite el deseo en silencio al ritmo de una respiración relajante. Puede ser alguno de los deseos clásicos:

«Que nos sintamos seguros / sanos / cómodos», o cualquier otro deseo que consideres apropiado para el grupo que tienes en mente. Repite suavemente el deseo siguiendo el ritmo de tu respiración o de forma independiente. Extiéndelo a los demás grupos a los que perteneces.

Luego pasa a otros grupos. Pueden ser grupos que han aparecido en las noticias o de los que ha oído hablar. Pasa a personas de diferentes países y diferentes partes del mundo, hombres, mujeres, niños, ancianos, personas mayores. No es necesario tratar de incluir a todo el mundo. Si te sientes abrumado, impotente o insignificante, siempre puedes volver a la autocompasión antes de continuar con un nuevo grupo. Si te resulta difícil conectar con un grupo, puedes enfocar la atención en la cara de alguien de ese grupo que conozcas por la televisión o por una foto. Imagina que le miras a los ojos y te das cuenta de que ese ser humano anhela la felicidad y desea liberarse del sufrimiento, igual que tú. Dirige la amabilidad o la compasión hacia esa persona. Luego amplía el foco para dirigir la amabilidad a todo el grupo: «Que os liberéis del sufrimiento. / Que os sintáis a gusto. / Que encontréis la paz y la armonía».

Si tienes dudas sobre el efecto que tendrá tu deseo, toma nota de tus pensamientos y emociones. La cuestión de si otros se verán afectados sigue siendo una incógnita, pero puedes notar los efectos en ti mismo. No hay malas experiencias, simplemente acoge con plena conciencia todo aquello que va surgiendo, sintiéndote libre de dirigir la amabilidad hacia ti mismo hasta que sientas el espacio suficiente para volver a los grupos.

Puedes concluir esta práctica con amabilidad hacia todos los seres, humanos, animales, plantas y árboles, en cual-

MINDFULNESS CON CORAZÓN

quier lugar del universo, ya sea que vivan en el pasado, en el presente o en el futuro. La práctica no tiene límites, porque nuestras mentes imaginativas y la ternura de nuestros corazones no tiene límites. «Que todos los seres se sientan seguros / sanos / a gusto. / Que todos los seres vivan en paz consigo mismos y con los demás.»

Agenda: Recibir compasión

EJERCICIO

Durante la próxima semana puedes explorar situaciones en las que recibes amabilidad o compasión de los demás. Puedes tomar nota de lo que observas en tu cuerpo, pensamientos y emociones.

PREGUNTAS PARA REFLEXIONAR

HOJA DE TRABAJO N.°20

- ¿Cuál era la situación?
- ¿Cómo tomaste conciencia de recibir compasión?
- ¿Qué sensaciones físicas has notado?
- ¿Qué pensamientos y emociones has notado?
- ¿Qué notas ahora, reflexionando sobre esta experiencia?

Resumen del capítulo 6

Hemos reflexionado sobre las cualidades ilimitadas del corazón, a las que llamamos «Cuatro amigas de por vida»: amabilidad, compasión, alegría empática y ecuanimidad. Podemos profundizar en nuestra práctica cultivando estas cuatro cualidades y manteniéndolas en un equilibrio adecuado. Hemos explorado cómo se puede nutrir la felicidad viviendo una vida comprometida y con sentido y dejando espacio para el disfrute y la alegría. También hemos introducido la práctica del perdón como forma de sanar las grietas en nuestra relación con nosotros mismos y con los demás.

Sugerencias para la práctica

Formal
- Practica regularmente los ejercicios «Un lugar seguro», «Un compañero compasivo» y/o «Encarnar la compasión».
- Practica regularmente la «Meditación de la amabilidad» y la «Respiración compasiva», extendiéndolas gradualmente a todos los seres. (Audios N.°16 y N.°17.)
- Explora suavemente el ejercicio del perdón en sus tres aspectos: perdonarte a ti mismo, pedir perdón y perdonar a los demás; respetando tus límites.
- Reflexiona sobre los tres ejercicios «La gratitud» (HT N.°18), «El borde plateado» y «Tus valores» (HT N.°19).
- Practica «Revisitar lo bueno». (Audio N.°18.)

Informal
- Practica el «Espacio de respiración amable» y la «Respiración con compasión» o el «Mantra de autocompasión» tantas veces como sea necesario.
- Agenda: «Recibir compasión». (HT N.°20.)

Gracias
Para Ann Marie

Gracias por contarme tu pena,
por compartir esa tierna flor en tu corazón.

Ojalá hubiera tenido la sensibilidad para haber
escuchado todo el día,
pero el mundo confunde y desorienta
y yo no podría haber sido mejor de lo que fui.

Pero fuiste pura y auténtica
y me esperaste.
Gracias.

«Thank you»,
RACHEL HOLSTEAD

Sesión en silencio

A la mente que está quieta, el universo entero se somete.

LAO TSE

Entre la sexta y la séptima sesión del curso, ofrecemos una sesión adicional de meditaciones guiadas y práctica en silencio. Suele denominarse «Sesión en silencio» porque los participantes no comparten en ella sus experiencias con las prácticas, como en las demás sesiones. Tampoco hablan durante la pausa para tomar café o té. Por razones prácticas, esta sesión puede tener la misma duración que las demás, pero recomendamos dedicarle más tiempo: idealmente medio día o un día completo, como en muchos programas de *mindfulness*. Si se trata de una formación en grupo, es el instructor quien decidirá el contenido. Por lo general, ofrecemos prácticas que cultivan lo positivo y no nos centramos en ejercicios que exploran dificultades específicas. Guiamos varias prácticas basadas en la imaginación asociadas a la secuencia completa de las meditaciones de amabilidad, alternando entre las posturas sentado, tumbado, caminando y el movimiento consciente. Si estás utilizando este libro como guía de manera independiente, puedes regalarte un minirretiro u organizar uno con amigos. A continuación se muestra un ejemplo de programa de media jornada (4 horas).

Ejemplo de programa para una sesión en silencio
- Inicio: Bienvenida, intenciones, poema. (10 minutos)
- Sentado: «Meditación de la amabilidad» con uno mismo, con un benefactor, con un ser querido. (20 minutos)
- Movimientos conscientes. (15 minutos)
- Caminar: «Meditación de la amabilidad» con uno mismo y con una persona neutra. (15 minutos)

MINDFULNESS CON CORAZÓN

- Tumbado: Practicar con la imaginación los ejercicios «Un lugar seguro», «Un compañero compasivo» y «Encarnar la compasión». (25 minutos)
- Sentado: «Meditación de la amabilidad» hacia uno mismo y hacia una persona difícil, alternando con la «Respiración compasiva». (25 minutos)
- «Saborear con atención consciente» (pausa silenciosa, con te/café o comida ligera), y luego «Un paseo agradable». (30 minutos)
- Sentado: «Revisitar lo bueno». (20 minutos)
- Tumbado: «Meditación de la amabilidad» hacia el cuerpo o «Una exploración apreciativa del cuerpo» (Audio N.°23). (20 minutos).
- Sentado: Práctica con la imaginación, por ejemplo, «El susurrador de caballos» (Audio N.°24) o «El río de la vida» (Audio N.°27). (25 minutos)
- Movimientos conscientes. (10 minutos)
- Sentado: «Meditación de la amabilidad» hacia los grupos y todos los seres. (15 minutos)
- Fin: Breve puesta en común, transición a la vida cotidiana. (10 minutos)

Siéntete libre de adaptar el programa según tus necesidades y de alternar las prácticas de compasión con prácticas silenciosas y no guiadas. Puedes utilizar algunas de las grabaciones de audio. Una versión más sencilla de la «Meditación de la amabilidad», que abarca todas las categorías, desde el «Tú mismo» hasta «todos los seres», está disponible como descarga de audio (Audio N.° 28).

También puedes practicar guiándote a ti mismo, o turnándote si estás practicando con otros. Un temporizador o alarma y un timbre pueden ser útiles. Al final, se recomienda que haya un tiempo para reflexionar y compartir con los demás participantes, asegurando una transición gradual antes de volver a la vida cotidiana.

He aquí dos ejemplos de ejercicios guiados que podemos ofrecer en una sesión de práctica en silencio. La primera es una versión alternativa de una conocida práctica del curso de iniciación al *mindfulness*.

Una exploración apreciativa del cuerpo

EJERCICIO AUDIO N.°23

En este ejercicio te invitamos a adoptar una postura tumbada, en un lugar tranquilo, asegurándote de que tu cuerpo descansa sin esfuerzo. Si no puedes permanecer tumbado durante mucho tiempo, intenta sentarte o recostarte. Al igual que con la práctica de la exploración o escaneo del cuerpo que se realiza en los programas de iniciación a la práctica del *mindfulness*, la propuesta de este ejercicio es que realices un viaje a través de cada parte del cuerpo con conciencia plena. Esta vez, sin embargo, con especial atención a cómo cultivar una apreciación más profunda del cuerpo.

Empieza por tomar conciencia del cuerpo tal y como está en este momento, sintiendo la superficie sobre la que descansa y las sutiles sensaciones de contacto con el aire y las texturas que lo envuelven. Ríndete a la fuerza de la gravedad. Suelta toda tensión innecesaria. Deja que tu cuerpo se calme y se suavice con la respiración. Permite que tu cuerpo sea calmado y suavizado por la respiración, como si sus diversas partes pudieran ser liberadas de sus articulaciones, confiando en que el cuerpo permanecerá entero, sin ningún esfuerzo. Aprecia el cuerpo como tu más fiel compañero, por más imperfecto o vulnerable a las lesiones, a la enfermedad y al envejecimiento que pueda ser.

Libéralo de cualquier obligación de hacer algo, permítele descansar en el abrazo de una presencia atenta y bondadosa. Deja que experimente la paz y la tranquilidad de ser simplemente como es.

A continuación guía tu atención a través de las diferentes partes del cuerpo, desde los pies hasta la cabeza, conectando con cada una de ellas con aprecio y gratitud por su servicio, y siente cómo esto es recibido.

Lleva la atención a los pies, dándoles la bienvenida y acogiéndolos en el espacio de la conciencia, notando las sensaciones de temperatura o tacto, ligereza o pesadez, energía o vibración. Solo date cuenta de cómo estos pies han llevado tu cuerpo a tantos lugares, desde el primer día en que pudiste caminar hasta ahora. ¿Qué tipo de deseo amable podrías pedir para tus pies? Puedes trabajar con la respiración calmante, prestando especial atención a la inhalación, observar las sensaciones de tus pies mientras les diriges un deseo apropiado, y dejarlo fluir hacia ellos en la exhalación. Por ejemplo, «que estés fuerte» o «que estés cómodo», como si fueran amigos íntimos hacia los que tienes las mejores intenciones. Aprecia tus pies por todos los servicios que te prestan, y observa con plena conciencia cómo reciben este agradecimiento o aprecio amable.

A continuación continúa el recorrido por los tobillos, las piernas, las rodillas, los muslos y las caderas, apreciando todas estas diferentes partes del cuerpo que te permiten caminar, ir de excursión, montar en bicicleta, hacer deporte, bailar. Siente y aprecia cada parte, cada grupo muscular y articulación hasta expandir tu atención a toda la pierna, dejando que las corrientes de amabilidad y gratitud fluyan hacia ella. Observa cómo son recibidas.

Del mismo modo, siente y aprecia tu pelvis y tu columna vertebral, valorando la fuerza y la flexibilidad que te permiten mantener el equilibrio y la verticalidad, y dirigiéndoles amabilidad y gratitud.

Ahora continúa el viaje por el abdomen y el tórax, conectando con plena conciencia con las zonas donde se encuentran los órganos internos, tomándote el tiempo de darte cuenta de cómo funcionan las veinticuatro horas del día, desde que viniste al mundo hasta el día de hoy. Las maravillas del funcionamiento del sistema digestivo, desde la extracción de nutrientes de los alimentos hasta la eliminación de residuos; los riñones, que mantienen el equilibrio de las sales minerales y los fluidos; los pulmones, que inhalan y exhalan aire en constante intercambio con otros seres vivos; el corazón y los vasos sanguíneos, que mantienen la sangre fluyendo para nutrir y purificar cada parte y órgano del cuerpo. Siente y aprecia suavemente todas estas partes del cuerpo, muestra amabilidad y gratitud. Observa cómo todo esto es recibido.

Incluso cuando una función o un órgano fallan o se pierden, puedes seguir apreciando esas partes del cuerpo por lo que han hecho posible en tu vida en el pasado, y expresar tu gratitud por los servicios que te han prestado, y por lo que significan para ti ahora. Estas partes te dan la oportunidad de profundizar en la práctica de la compasión.

A continuación continúa el viaje hacia las extremidades superiores, sintiendo y apreciando los hombros, los brazos, las manos y los dedos, que te permiten mover y transportar objetos, utilizar instrumentos, gesticular, tocar y sentir, tocar música, escribir y teclear. Ofréceles amabilidad y gratitud con cada respiración. Observa cómo te afecta este dar y recibir.

Siente y aprecia el cuello y la garganta, la boca, la lengua y las mandíbulas, que te permiten saborear, comer, hablar; los músculos de la cara, que te permiten expresar una amplia gama de emociones; la nariz, que te permite respirar y oler; los ojos, que te permiten ver; los oídos, que te permiten oír. Deja que la gratitud bañe y permee todas estas partes del cuerpo. Siente y aprecia el interior de la cabeza, donde el cerebro se encuentra en casa, procesando continuamente la información que entra y sale, comunicándose con las otras partes del cuerpo a través del sistema nervioso, utilizando la médula espinal y las innumerables vías nerviosas.

Finalmente expande tu atención a todo el cuerpo. Deja que la bondad fluya a cada célula. Sigue, si lo deseas, el ritmo de la respiración, imaginando una ola de aprecio y gratitud fluyendo con cada respiración desde la parte superior de la cabeza hasta la punta de los dedos de los pies, y luego de vuelta. Deja que el cuerpo descanse en un baño beneficioso de bondad, compasión, aprecio y gratitud.

Puedes mover los dedos de las manos y de los pies, estirar el cuerpo, dejar que se mueva como quiera. También puedes hacer unos cuantos estiramientos conscientes antes de levantarte y volver a tus actividades normales.

Una sesión en silencio puede ser una buena oportunidad para introducir metáforas, poemas o historias útiles para ayudar a la práctica. Las metáforas que se utilizan a menudo en las clases de *mindfulness* son la de la montaña, para la meditación sentada, y la del lago, para la meditación tumbada. Las personas pueden relacionarse de forma diferente con distintas metáforas. Las metáforas pueden tocarnos en diferentes niveles de nuestro ser. Deja que las metáforas hagan su trabajo, pero si no pasa nada, también está bien.

La siguiente historia ofrece otra metáfora, inspirada en una novela de Nicholas Evans.[18] Por razones didácticas, hemos creado una versión simplificada con nuestras propias palabras, omitiendo muchos detalles y enriqueciendo la metáfora con algunos añadidos.

El susurrador de caballos

EJERCICIO AUDIO N.°24

Tómate el tiempo que necesites para acomodarte en una posición sentada, estando presente en la experiencia de este momento y permitiendo que la respiración poco a poco vaya adoptando un ritmo tranquilo y relajado.

Ahora te invito a acoger con atención consciente todo lo que surja al escuchar la siguiente historia:

A una joven adolescente le encanta pasar todo su tiempo libre con su caballo. Un día decide montarlo mientras está nevando. Las condiciones meteorológicas empeoran de pronto. Pierde el control de su caballo y resbalan. Se deslizan por una colina hasta llegar a una carretera donde son atropellados por un gran camión. Ambos sobreviven, pero sus vidas nunca volverán a ser las mismas de antes. La niña, que vive con su madre, tiene que caminar cojeando. Está de mal humor. Ha perdido a su mejor y más querido amigo, que se ha convertido en un animal ansioso, irritable e inquieto. El caballo ya no confía en los humanos, se ha vuelto ingobernable y tiene que permanecer encerrado en el establo. La madre hace todo lo posible para animar a su hija. Pero esta se vuelve aún más malhumorada y parece más infeliz cada día. La madre se da cuenta de que la única manera de ayudar a su hija es sanando la relación con su caballo. Pone todos sus esfuerzos en encontrar una cura.

Su búsqueda la lleva finalmente hasta un hombre que, según se dice, tiene habilidades especiales con los caballos traumatizados. Vive lejos, en una zona remota del país. Madre e hija conducen durante cientos de kilómetros, con el caballo en un remolque. Conocen finalmente a un hombre extraordinario que habla poco. Este les dice que pueden quedarse en su rancho todo el tiempo que necesiten, pero que tienen que confiarle el caballo por completo. Para su sorpresa, el hombre lleva al caballo a un campo abierto donde lo suelta para que pueda moverse libremente. El caballo galopa y galopa hasta que apenas pueden verlo en la distancia. La madre y la hija dudan de su decisión de confiar en este hombre, pero él parece estar seguro de lo que hace.

Lo ven volver al campo todos los días y quedarse de pie o sentado, inmóvil en el mismo lugar, mirando en la dirección del caballo. Ven cómo el animal se va acercando lentamente, un poco más cada día. El hombre no tiende la mano, solo se sienta tranquilamente, observando al caballo con atención. Parece susurrar suavemente palabras o sonidos en dirección al caballo de vez en cuando. No pueden oír lo que susurra, pero parece animar al caballo a acercarse un poco más cada día. Un día el caballo está casi al alcance de la mano. Pero cuando el hombre alarga la mano para acariciarlo, el caballo se asusta y vuelve a huir.

Todo el proceso comienza de nuevo. El hombre permanece en su sitio, simplemente mirando al caballo con gran atención y susurrando suavemente, dejando que el caballo se acerque a su propio ritmo. El hombre espera con infinita paciencia, murmurando sonidos o palabras destinadas a ser escuchadas solo por el caballo. Cuando el animal vuelve a estar lo suficientemente cerca como para que el hombre lo toque, esta vez él se queda quieto hasta que el caballo se acerca para apoyar la cabeza en su hombro. El hombre se deja examinar por el caballo y, con mucho cuidado, comienza a acariciar la cabeza y el cuello del animal, que ahora se deja tocar.

A partir de entonces, el caballo va ganando confianza y permite que el hombre se acerque a él. Finalmente se deja ensillar para que el hombre pueda montarlo. La niña, que ahora entiende por qué se dice que este hombre susurra al oído de los caballos, aprende a reconectar con su caballo, con paciencia y dulzura. Ella está encantada cuando él la acepta de nuevo en su lomo, y su amistad se restablece.

Esta historia puede inspirarte a sentarte con todo lo que hay en tu experiencia, como el susurrador de caballos, permaneciendo presente en silencio con lo que surge, ya sean pensamientos, emociones u otras sensaciones, como si tus experiencias fueran caballos en un campo sin límites, donde pueden vagar libremente. A veces pueden venir solos y a veces pueden aparecer como una manada alborotada, a veces con calma, a veces salvajemente. No tienes que alargar la mano para capturarlos ni tampoco alejarte de ellos. Solo tienes que esperar pacientemente a que se acerquen para acogerlos suavemente, anclado en la atención consciente, susurrando, si lo deseas, palabras amables. Sin controlar, atraer o rechazar. Solo dejándote tocar por lo que estás viviendo. Acoge tu experiencia sin perturbarla, con plena conciencia, con amabilidad y ecuanimidad.

En el caso particular de que surja una parte de ti herida, tímida o desconfiada, puede ser útil recordar la sabiduría y la paciencia del susurrador de caballos. Y darle a esa parte vulnerable un espacio en el reino ilimitado de tu conciencia, sentándote firmemente en el suelo de tu ser, ofreciendo una atención incondicional, susurrando las palabras de bondad que esa parte vulnerable necesita escuchar, esperando pacientemente a que se acerque por sí misma, dejando que tu mente y tu corazón sean tocados por ella y tocándola a su vez de la manera en que ella se deje tocar por ti, sin forzar nada, atendiéndola sin asustarla.

Cuidado

En esos momentos en los que quieres cuidar a todo el mundo,
recuerda que en ti
también está el mundo entero.

Y solo puedes comenzar aquí:
cuidar esta piel,
estos huesos, este corazón.

Profundiza en el cuidado, y cada célula
se convierte en un templo
en el que honrar al mundo.

«Care», RACHEL HOLSTEAD

Perfecto

No puedes hacerlo perfecto.
La vida tiene el hábito
de aparecer para recordarte tu no permanencia.

Sé elegante en dejar ir,
en soltar ese sueño perfecto.
Permítete bajar suavemente
a la realidad, a cómo es realmente
y al cambio constante
que ocurre hagamos lo que hagamos.

Vuelve a poner los pies en el suelo
y fluye con el giro de la tierra.
No hay perfección más que este baile
con todos sus colores,
nada que hacer más que el vivir y el dejar ir
de cada momento.

«Perfect», RACHEL HOLSTEAD

7

Mente bondadosa, corazón atento

Sesión 7: Entretejiendo la sabiduría y la compasión en la vida diaria

Integridad es hacer lo correcto incluso cuando nadie está mirando.

Anónimo

Ahora que nos acercamos al final de este programa, vamos a centrarnos más en cómo vincular las prácticas en el corazón y el alma de la vida cotidiana. No tendría mucho sentido realizar todas estas prácticas formales si como resultado no impregnaran de manera informal nuestras actividades diarias. Los siguientes ejercicios te invitan a analizar en detalle un día normal de tu vida.

Un día en tu vida

HOJA DE TRABAJO N.°21

Dedica unos minutos a hacer una pausa con plena conciencia, dando espacio para que se establezca un ritmo

---

respiratorio relajante. A continuación divide una hoja de papel en blanco en tres columnas La de la izquierda debe ser más ancha, y las del centro y la derecha, más angostas. También puedes descargarte la hoja de trabajo prevista para este ejercicio, si lo deseas.

Lista en la columna ancha de la izquierda las actividades diarias de un día normal de tu vida, desde que te levantas hasta que te acuestas. Marca en la columna del extremo derecho hasta qué punto esa actividad consiste en y aborda el cuidado de ti mismo. Puedes puntuar esto con un número del 1 al 5, en el que 1 es igual a nada y 5 igual a mucho. No lo pienses demasiado, sigue tu primera inclinación. Una vez que estés preparado, puedes doblar esa columna hacia atrás, de tal forma que no veas las puntuaciones.

A continuación marca en la columna del medio hasta qué punto realizas esa actividad para cuidar a una o varias personas, animales u otros seres vivos. Puntúa esto de la misma manera: del 1 = nada hasta el 5 = mucho.

Cuando hayas terminado, abre la hoja de nuevo y mira tu lista, observando atentamente cualquier reacción, dándote tiempo para reflexionar sobre una serie de preguntas.
- ¿Las puntuaciones se dividen equitativamente en ambas columnas? ¿Las puntuaciones sobre el cuidado personal y el cuidado de los demás para una actividad específica coinciden o difieren?
- ¿Cómo te sientes con respecto al equilibrio entre el cuidado personal y el cuidado de los demás? ¿Te sientes contento, te resulta indiferente o experimentas inquietud?
- En la sesión 7 de los cursos de iniciación al *mindfulness* (MBSR) se suele pedir a los participantes que exploren

cómo sus actividades diarias los agotan o los regeneran. ¿Cómo se relacionan las actividades que tienen una puntuación alta o baja con tus niveles de energía y estrés? ¿Te hacen sentir cansado, excitado o renovado?

- Recuerda que los tres sistemas de regulación emocional también se denominan sistemas de motivación. ¿Reconoces el predominio del sistema de amenaza, impulso o sosiego cuando realizas determinadas actividades? ¿O tal vez prevalecen determinadas reacciones de estrés o patrones internos?
- ¿Hay acaso un crítico interno, un acosador (o matón) o un ayudante interno a tu lado mientras realizas estas actividades?
- ¿Qué pasa con tus motivaciones más profundas? ¿Las actividades se basan en motivaciones del «yo primero», «tú primero» o «nosotros juntos»? ¿Están en consonancia con tus valores fundamentales?
- Si crees que podrías aportar más amabilidad y compasión a tu vida diaria, ¿significaría esto hacer más o menos actividades determinadas? Si te resulta difícil cambiar «lo que» haces, quizá sea posible examinar «cómo» lo haces. ¿Cuáles podrían ser las intenciones, motivaciones y actitudes útiles cuando realizas o participas en una actividad?

Si te resulta difícil elegir un día normal de tu vida o realizas actividades muy diferentes, puedes evaluar dos días o más. Vuelve a plantearte las preguntas anteriores tantas veces como quieras durante la próxima semana.

Tu primera evaluación puede verse de forma diferente cuando reflexiones de nuevo sobre ella con plena conciencia. A continuación puedes leer algunos ejemplos de participantes que reflexionan sobre sus actividades diarias. Les hemos dado nombres ficticios.

- Sarah saca al perro antes de ir a trabajar, cuando suele tener poco tiempo. Ha puntuado alto en el cuidado del perro y bajo en el cuidado de sí misma. Sin embargo, al reflexionar sobre esto se da cuenta de que, gracias a su perro, tiene la maravillosa oportunidad de empezar el día con un paseo agradable consciente, que también es amable y expresa cuidado hacia sí misma. También puede marcar la pauta para aportar más atención y amabilidad al resto del día. No es necesario que le cueste tiempo extra, solo un cambio de motivación.
- Mark va al trabajo en bicicleta en lugar de utilizar el coche. Puntúa alto en el cuidado de sí mismo porque le mantiene en forma. Su puntuación es nula en cuanto al cuidado de los demás. Sin embargo, cuando reflexiona puede ver que su forma física también sirve a los demás. Llega al trabajo de mejor humor, por lo que es mejor compañía para sus compañeros de trabajo y sus clientes. Además, el ciclismo es una forma de ser amable con el medio ambiente. Así que, pensándolo bien, Mark se da cuenta de que la actividad no es en absoluto egoísta. Se alegra de que su motivación para ir en bicicleta esté en consonancia con lo que valora, es decir, la conexión con la gente y el cuidado del planeta.
- Rita es una secretaria que trabaja muchas horas extra para compensar las bajas de sus compañeros. Su puntuación es alta en el cuidado de los demás y baja en el cuidado de sí misma. Reflexiona sobre su motivación más profunda para hacer esto. Siente una fuerte necesidad de ser leal a los demás y de complacer a su jefe (motivación «tú primero»). También espera conseguir un mejor puesto y más sueldo (motivación «yo»). Pero sus esfuerzos la hacen sentirse agotada al final del día. Corre el riesgo de ser la siguiente en sufrir de *burnout*. Si eso ocurre, no solo ella, sino también su empresa y su familia se verán afectadas. Si establece un mejor equilibrio, concediéndose más descanso y más espacio al sistema de sosiego, no solo se cuidará mejor a sí misma, sino que, al final, al ha-

cerlo, también cuidará más a su familia, a su jefe, a la empresa y a sus clientes (motivación «nosotros»). Rita decide trabajar menos horas extras y explicar a su jefe que cuidar bien de su salud es, en última instancia, mejor para todos.

- Chris ve su serie de televisión favorita durante una o dos horas por la noche antes de irse a la cama. Puntúa esta actividad con un alto grado de autocuidado y también de cuidado a los demás, porque al mismo tiempo chatea con sus amigos en las redes sociales. Al reflexionar se da cuenta de que esta combinación eleva su nivel de estrés y le dificulta conciliar el sueño una vez que se tumba en la cama. Reconoce que está en modo impulso por la información que recibe de la televisión y de sus amigos. Pero también está en modo amenaza, ya que teme perder su amistad si no participa. Decide dejar de ver la televisión y de seguir las redes sociales al mismo tiempo, y observar regularmente su respiración, para permitirse encontrar un ritmo tranquilizador. Avisará a sus amigos cuando esté disponible para chatear.

- Gwen es madre soltera y le resulta difícil acostar a sus dos hijos pequeños después de un día ajetreado. Siempre son ruidosos y bulliciosos, justo cuando ella está desesperada por un poco de paz. A menudo pierde los nervios con ellos y se siente culpable después. Ha puntuado esta actividad de forma baja en ambos lados y llora cuando se le pregunta qué relación tiene con lo que realmente valora en la vida. Sin duda, sus hijos son el número uno y terminar el día en armonía sería mucho mejor. Decide dedicarles más tiempo, invitándolos a que le cuenten cómo ha sido su día y leyéndoles un cuento. De este modo, acostar a los niños puede ser nutritivo para todos.

¿Agotador o revitalizante?

A veces puede ser necesario hacer cosas en el modo de amenaza o de impulso. Sin embargo, esto agota las pilas muy rápidamente, sobre todo si no se recargan con el sistema de sosiego que restaura la energía. Incluso las actividades que obtienen una puntuación alta en autocuidado pueden, si se examinan más de cerca, no ser tan beneficiosas, sobre todo si las realizas bajo la presión del deseo de lograr algo o desde la motivación de evitar experiencias desagradables. Puede ser muy diferente si haces el ejercicio físico de correr porque:

- Estás ansioso y quieres minimizar tus factores de riesgo cardiovascular (sistema de amenaza),
- Estás deseoso de sobresalir en el deporte (sistema de impulso) o
- Disfrutas y saboreas estar al aire libre (sistema de sosiego)

Las actividades que implican ayudar a los demás también pueden drenar y agotar tu energía si se derivan de una motivación basada en el «yo primero» o de reacciones de «cuidar y hacer amistad» (*tend & befriend*), que nacen del sistema de amenaza, y que suponen ignorar tus propias necesidades. Si proceden de una motivación «yo primero», puede que te impulse la necesidad de caer bien, ser apreciado y ser recompensado o el miedo a ser ignorado o rechazado. Ayudar a los demás desde una motivación «nosotros juntos» puede hacer que tus sistemas de amenaza, impulso y sosiego alcancen un equilibrio más saludable, procurándote energía y un sentimiento de realización.

Egosistema o ecosistema

Hoy en día, la preocupación por el estado de nuestro planeta ocupa regularmente los titulares de las noticias. Es comprensible que muchas personas se preocupen por los efectos de la contaminación, el calentamiento global y el agotamiento de los recursos naturales. La sostenibilidad se está convirtiendo cada vez más en una cuestión clave para los responsables políticos. Es un reto esencial pasar de políticas que drenan nuestro planeta a otras que lo preserven, junto con sus habitantes y las generaciones futuras.

Hay un dicho africano que dice «solos podemos ir más rápido, juntos podemos llegar más lejos». Para conseguir una salud y una felicidad sostenibles, debemos buscar beneficios a largo plazo para muchos en lugar de beneficios a corto plazo para unos pocos.

La sostenibilidad requiere un cambio de enfoque del «yo» al «nosotros». En última instancia, cada ser —pasado, presente y futuro— pertenece al «nosotros» del mundo, una realidad más grande de la que todos formamos parte.

Se ha demostrado que las relaciones de pareja florecen mejor y duran más si los miembros de la pareja se preocupan por el ecosistema de su relación y sus necesidades compartidas, en lugar de las necesidades individuales de sus egosistemas.[1] Es muy probable que esto sea cierto para cualquier relación. Con cada respiración estamos en intercambio con otros seres vivos. Si nos consideramos a nosotros mismos y a los demás como seres interconectados e interdependientes, podemos descubrir que cuidar de nosotros mismos y de los demás no es tan diferente. Si cuidamos sabiamente y con compasión de nosotros mismos, todas las personas con las que nos relacionamos pueden beneficiarse. Si cuidamos con sabiduría y compasión a los demás, nos beneficiamos a nosotros mismos.

Si queremos cambiar el mundo, no hay mejor lugar para empezar que nosotros mismos. Pero no un nosotros mismos como «egosistemas», sino como parte de ecosistemas más amplios. Los egosistemas necesitan defenderse constantemente de otros egosistemas. Como ya dijimos en el capítulo 5, cuanto más nos identifiquemos con ellos de manera rígida, más se interpondrán en nuestra salud y bienestar. Los ecosistemas sanos permiten un intercambio flexible y el reparto de recursos entre sus habitantes, que se ayudan mutuamente a prosperar.

Así pues, ahora, ¿qué elementos de este curso te han sido útiles para convertir tu vida en una vida más compasiva, partiendo del lugar en el que te encuentras, día a día?

De la práctica formal a la informal

Hasta ahora hemos ofrecido muchas prácticas formales para hacer en un tiempo especialmente reservado para ellas. También había prácticas informales, como los ejercicios para la Agenda, los espacios de respiración y el «Mantra de la autocompasión», que no están programados. Estas prácticas breves pueden funcionar como un puente entre la práctica formal y el resto de tu vida, llevando la bondad y la compasión a tu ecosistema actual, donde más se necesita. De hecho, hay numerosas maneras de llevar la práctica formal a tu vida diaria. Aquí tienes algunos ejemplos:

• Cuando te sientas incómodo en situaciones de las que no puedes escapar, por ejemplo, en el dentista, puedes imaginar que estás en un lugar seguro donde te aceptan tal y como eres.

• Cuando estés atrapado en un atasco, puedes enviar deseos amables a los conductores y pasajeros de los coches que te rodean.

• Cuando pase una ambulancia, puedes expresar deseos compasivos a las personas que están dentro.

• Cuando te enfrentes a un dilema difícil en el trabajo, puedes concederte un «Espacio de respiración amable» y escuchar lo que tu ayudante interno o un compañero compasivo te aconsejarían hacer.

• Cuando esperes en la parada del autobús, puedes saborear los cálidos rayos de sol en tu cara o —esto es un reto si llueve— practicar la gratitud por las gotas de lluvia que nutren la tierra.

- Cuando un amigo te envíe la noticia de que ha aprobado su examen, puedes dedicar un momento a practicar la alegría empática.
- Cuando veas con impotencia que una persona de tu trabajo vuelve a caer en el consumo excesivo de alcohol, puedes practicar la ecuanimidad, dándote cuenta de que no puedes asumir la responsabilidad del comportamiento de otra persona.
- Mientras te sientas junto a la cama de un familiar o amigo enfermo que está demasiado débil para hablar, puedes practicar la «Respiración compasiva» (recibir y dar).
- Cuando te sientas impotente al ver la guerra o desastres naturales en las noticias, puedes enviar deseos compasivos a los que lo sufren.
- Si te encuentras caminando de manera mecánica desde A hacia B, puedes decidir observar particularmente qué sensaciones te llenan de alegría o gratitud mientras caminas.

Y así sucesivamente.

Sé flexible, lúdico y creativo a la hora de encontrar tus propias maneras de transformar las prácticas formales en informales. Las prácticas breves de los «Espacios de respiración» son particularmente poderosas para conectar la práctica formal con la informal y para pasar del modo «hacer sin atención» al modo «hacer con consciencia». En el programa MBCT, el «Espacio de respiración» de tres minutos se considera la piedra angular del programa y se ofrece con distintos énfasis y prioridades.[2] En los diferentes «Espacios de respiración», las dos primeras fases son siempre las mismas, pero en la tercera se pueden abrir varias puertas hacia diferentes campos que requieren una atención particular. He aquí una versión adaptada de un «Espacio de respiración para situaciones en las que es necesario actuar». Al fin y al cabo, gran parte de nuestra vida cotidiana consiste en tomar decisiones y elegir un curso de acción.

Puede serte útil reflexionar sobre lo que motiva e impulsa tus acciones, tanto en situaciones en las que te das cuenta de que operas con el piloto automático, como en situaciones en las que te enfrentas a dilemas y tienes dudas sobre qué es conveniente hacer.

Espacio de respiración para una acción sabia y compasiva

EJERCICIO

---

1. Estar presente con una conciencia abierta y amable

Como en la primera fase de cualquier «Espacio de respiración», empieza por tomar conciencia de tu experiencia en este momento, notando las sensaciones físicas, los pensamientos y las emociones tal y como aparecen. Pregúntate: «¿Qué me motiva ahora mismo?». ¿Notas quizá la energía de la amenaza, del impulso o del sistema de sosiego? ¿Notas alguna tendencia a acercarte o alejarte, a buscar o evitar experiencias?

2. Permitir un ritmo respiratorio relajante

En la segunda fase puedes llevar la atención a la respiración, permitiendo suavemente que se establezca un ritmo respiratorio relajante, liberando cualquier tensión innecesaria y que no necesitas retener. Siéntete bien enraizado en el suelo.

3. Elegir una acción sabia y compasiva

En la tercera fase mientras sintonizas con tu cuerpo como un todo, puedes preguntarte: «¿Qué sería sabio y compasivo decir o hacer en este momento?». ¿Deseas elegir desde una motivación de amenaza, impulso o cuidado? ¿Qué estaría en consonancia con tus valores? ¿Qué te aconsejaría aquí tu ayudante interno o un compañero compasivo? Procede en la dirección que deseas elegir si esto se vuelve suficientemente claro para ti. Puede ser la misma dirección que

---

antes, pero ahora elegida con una atención consciente y motivada por el cuidado.

También puede ser una dirección diferente, una que parezca más amable y compasiva al examinarla de cerca. Si notas una falta de claridad en cuanto a cómo quieres proceder, también está bien. Esto puede ser una invitación a permitirte más tiempo y espacio para estar con plena consciencia en esa situación antes de hacer algo. Haz una pausa y relájate acogiendo todo aquello que se presente, recibiéndolo con una actitud de «no saber», sin juzgar.

Tal vez puedas terminar con un deseo con el que conectes bien ahora, por ejemplo: «Que esté tranquilo y sea paciente», «Que pueda sostener este dilema hasta que aparezca la respuesta correcta» o «Que mis decisiones sean sabias y cuidadosas, para mí y para los demás».

Acción en los hechos

Algunas situaciones difíciles requieren una actuación inmediata. En las situaciones en las que peligra la vida, puedes confiar en tu instinto de supervivencia, ya que de lo contrario podría ser demasiado tarde. En muchas otras situaciones, no es necesario actuar inmediatamente. Cuando no estés seguro de qué es lo mejor, es preferible que te tomes un momento para *estar* con la situación antes de *hacer* algo y recurras a un «Espacio de respiración» como el descrito anteriormente. Practicar «la pausa sagrada», como la denomina Tara Brach,[3] proporciona un terreno fértil para la acción sabia y compasiva.

Hacer una pausa permite sintonizar de forma consciente con lo que realmente necesita la situación, incluyéndote a ti y a las demás personas implicadas, antes de decidir qué hacer. Puede ser prudente no actuar, y darte a ti mismo tiempo para dejar que la situación a la que te enfrentas resuene en tu corazón y en tu mente. A menudo la sabiduría surge de una actitud abierta de «no saber». Puedes enviar en silencio un deseo compasivo hacia ti mismo o a otros implicados en la situación. También es posible que la situación requiera una de las otras cualidades del corazón en ese momento, como la ecuanimidad. Incluso si te sientes impotente y sin fuerzas, puedes «hacer» algo de esta manera. Puedes practicar el relacionarte sabiamente con esa situación específica. O puedes descubrir que sí puedes ofrecer en ese momento una acción compasiva. Ejemplos de ello son:

- Hacer la compra para un vecino enfermo.
- Tomar un café con un nuevo colega.
- Enviar una carta o mensaje a un amigo afligido.
- Tomarte el tiempo de escuchar a alguien que comparte sus dificultades, sin necesidad de aconsejar u ofrecer soluciones rápidas.
- Apoyar o unirte a una organización benéfica.
- Hacer algo que se te da bien por alguien que tiene dificultades para ello, como un trabajo de bricolaje, hacer un pastel o rellenar un formulario de impuestos.
- Y no te olvides de hacer algo amable para ti, como regalarte algo nutritivo, relajante o energizante. Por ejemplo, tomar un baño caliente, dar un paseo, leer un poema favorito, visitar a un amigo o ver una película.

Ética práctica

Nuestra mayor gloria no está en no caer nunca, sino en levantarnos cada vez que caemos.

Confucio

Al hablar de la acción compasiva, puede ser bueno decir algunas cosas sobre la ética. No nos referimos al tipo de ética que nos dice lo que está bien o mal y cómo deberíamos comportarnos, sino más bien a una ética práctica. Por supuesto, hay reglas surgidas del sentido común que han resistido el paso del tiempo y que se encuentran en muchas tradiciones. Es muy conocida la llamada «regla de oro», que dice: «Trata a los demás como quieres que te traten a ti». Las investigaciones confirman sistemáticamente que el altruismo, la generosidad y el comportamiento prosocial no solo benefician a los que reciben, sino también a los que dan.[4] La práctica de la atención consciente y la compasión puede aumentar nuestra conciencia ética, ya que nos da una visión más profunda de lo que sana y lo que daña.

Ver nuestras vidas como un flujo en continuo movimiento, interconectadas con las de otros seres en ecosistemas cada vez más amplios, puede hacernos conscientes de que nada de lo que hacemos y decimos, o incluso de lo que pensamos e imaginamos, está exento de consecuencias. Si hacemos el bien, servimos al ecosistema, incluidos a nosotros mismos. Pero lo que significa «hacer el bien» en una situación concreta requiere siempre una evaluación cuidadosa.

Un punto de partida útil para la ética práctica es reconocer conscientemente cada situación en toda su singularidad y sentir compasivamente lo que se necesita en ella. Este es el tipo de ética que no se puede aprender simplemente aplicando un conjunto de reglas. Solo una mente que no juzga, que «no sabe», puede evaluar la singularidad de la situación a la que se enfrenta. Las decisiones éticas requieren tanto el corazón como la mente. Seguir el corazón sin pensar se ha denominado «compasión insensata» o «corazón sin atención».[5] Por ejemplo, servir otra copa a un amigo alcohólico. Enfrentarse a una situación con la fría atención de un rayo láser, sin sentir lo que la situación necesita, podría llamarse atención consciente tonta o también «mente sin corazón». La sabiduría y una mente *heartful*, llena de bondad y calidez, son necesarias para discernir lo que podría tener los efectos más beneficiosos y menos perjudiciales para el mayor número posible de seres implicados. Se necesitan todas las cualidades de la compasión —o corazón atento— para entender, resonar y sentir las necesidades de todas las personas implicadas. Este tipo de ética solo puede provenir de un estado de calma, basado en el sistema de sosiego. Es difícil comportarse de manera ética cuando estás atrapado en motivaciones de amenaza o de impulso, si temes cometer errores o anhelas obtener recompensas.

Si sientes que tu vida es como una montaña rusa, zarandeada por los modos de amenaza e impulso, dirigirte a aguas más tranquilas no es tan fácil. Puede que necesites la cualidad estabilizadora de la ecuanimidad y la siguiente práctica puede ser especialmente útil para explorarla. En el entrenamiento en grupo solemos empezar la sesión 7 con esta práctica formal de ecuanimidad, que sigue una línea similar a la de la «Meditación de la amabilidad».

Meditación de la ecuanimidad

EJERCICIO AUDIO N.º25

Encuentra una posición cómoda y empieza con los dos primeros pasos del «Espacio de respiración», reconociendo conscientemente lo que está presente para ti en este momento. Permite que se establezca una respiración calmada y que el cuerpo vaya relajándose todo lo que sea posible. Las palabras conocidas como la «Oración de la serenidad» pueden darte una sensación de ecuanimidad: «Concédeme serenidad para aceptar las cosas que no puedo cambiar, el valor para cambiar las cosas que puedo, y sabiduría para reconocer la diferencia». Asimismo, algunas metáforas pueden ayudarte a conectar con la cualidad de la ecuanimidad, como, por ejemplo, la de una montaña sólida y estable, un lago tranquilo como un espejo o la actitud del susurrador de caballos.

A continuación te invitamos a traer a la mente a alguien más o menos neutro para ti, un transeúnte que te hayas encontrado por casualidad en la calle o en una cola últimamente. Visualiza a esta persona frente a ti. Reconoce que es vulnerable al envejecimiento, la enfermedad, la pérdida y la muerte, como cualquier ser humano. Envía a esta persona un deseo que exprese ecuanimidad. Por ejemplo: «Que aceptes las cosas como son» / «Que te sientas tranquilo y equilibrado en medio de los altibajos de la vida» / «Que vivas en paz en medio de la no permanencia y la imprevisibilidad». Puedes dirigirte a otras personas neutras de la misma manera.

A continuación envía un deseo que exprese ecuanimidad hacia ti mismo, por ejemplo: «Que me sienta tranquilo y equilibrado en medio de las turbulencias de la vida» / «Que acepte lo que viene y lo que se va» / «Que encuentre la armonía en la alegría y en la tristeza, en la salud y en la enfermedad, en el éxito y en el fracaso» / «Que acepte la pérdida y esté abierto al resultado» / «Que me sienta a gusto con la no permanencia, el envejecimiento, la enfermedad y la muerte» / «Que acepte que no puedo cambiar el pasado, que tengo poco control sobre el presente, que no puedo predecir el futuro, que solo puedo hacer lo que está bajo mi responsabilidad».

Si te sientes muy preocupado por el comportamiento de los demás, puede ser útil que te des cuenta de que todos los individuos son, en última instancia, responsables de sus propios actos. Podrías reflexionar o desear lo siguiente: «Que acepte que no puedo cambiar a los demás, pero que puedo ofrecerles amabilidad y compasión» / «Que pueda discernir sabiamente entre lo que está dentro y lo que está fuera de mi responsabilidad, entre lo que es útil y lo que es perjudicial».

Si lo deseas, puedes ampliar la práctica a uno o varios benefactores, buenos amigos y personas queridas. También a personas difíciles (no se trata de aceptar o condonar su comportamiento, sino de darte cuenta de que también son seres humanos vulnerables, como tú. Una reflexión con ecuanimidad podría ser: «Tú eres responsable de tus propias decisiones y heredero de las consecuencias de tus propios actos. No puedo tomar decisiones por ti, pero puedo desearte discernimiento y sabiduría»/«No puedo eliminar tu sufrimiento, pero puedo desearte tranquilidad y paz». Un deseo en forma de «nosotros» puede también resonar contigo, por ejemplo: «Que encontremos paz y armonía en medio de las dificultades de la vida».

Al igual que con la «Meditación de la amabilidad», no tienes que excluir a ningún ser humano, animal u otra criatura viva de la práctica de la ecuanimidad. También puedes dirigirte a grupos. Para las personas que se encuentran en zonas de guerra y desastre, los deseos podrían ser: «Que encuentres la calma en medio del caos; la tranquilidad en medio del malestar; la paz interior en medio del descontrol y la imprevisibilidad».

Puedes concluir con: «Que todos los seres experimenten calma en medio de las incertidumbres de la vida. Que todos los seres acepten la no permanencia, el envejecimiento y la muerte. Que todos los seres acepten las idas y venidas de la vida. Que todos los seres encuentren comodidad en medio de la dureza, tranquilidad en medio de la agitación, equilibrio en medio de la inestabilidad. Que todos los seres vivan en paz consigo mismos y con los demás. Que todos los seres conozcan la paz mental de la ecuanimidad y la amplitud del corazón. Que haya paz para todos».

También puedes practicar con otra variante de la «Meditación de la amabilidad», en la que la cualidad de la alegría empática es el centro de los deseos y las reflexiones. Esta práctica formal puede ser un remedio particularmente bueno contra los sentimientos malsanos de envidia y celos.

Meditación de la alegría compartida

EJERCICIO AUDIO N.°26

Busca una postura cómoda. Haz una pausa con plena conciencia y permite que la respiración suavice tu mente y tu cuerpo. Conecta primero con un pariente o amigo querido que sepas que goza de buena fortuna o éxito en su vida actual. Imagina a esta persona frente a ti. Observa la alegría que expresan su cuerpo, su rostro y sus ojos. Ahora imagina que sientes la alegría que esta persona está sintiendo y desde tu corazón envíale un deseo de alegría empática. Por ejemplo: «Que celebres esta fortuna»/«Que saborees este éxito»/«Que disfrutes de la felicidad»/«Que aprecies lo bueno de la vida». Asimismo, puedes extender la práctica a otras personas queridas en tu vida.

También puedes concederte deseos similares a ti mismo, pensando en algo alegre que te haya sucedido o que experimentes en este momento. Aprecia las emociones y las sensaciones que lo acompañan. A continuación deja que fluya hacia ti un deseo de celebración, por ejemplo: «Que aprecie esta alegría»/«Que celebre lo bueno de la vida»/ «Que pueda acoger esta alegría en mi corazón».

Ahora puedes seguir con otras categorías de personas. Es posible que te hayas encontrado con alguien de la categoría neutra, un transeúnte que conociste y que por su lenguaje corporal, expresión facial o tono de voz parecía estar alegre. Imagina a esta persona frente a ti y ofrécele deseos que expresen alegría empática: «Que puedas apreciar y saborear las alegrías de la vida».

Ahora, la persona difícil en esta práctica podría ser alguien a quien tiendes a envidiar por sus circunstancias afortunadas o sus éxitos. La práctica de la alegría empática es un remedio especialmente bueno cuando experimentamos fuertes sentimientos de envidia o celos. Imagina a alguien a quien envidias frente a ti. Date cuenta de que esa persona desea la felicidad, igual que tú. A continuación permite que fluya un deseo de aprecio hacia esa persona: «Que disfrutes de tu fortuna»; «Que celebres tus éxitos»; «Que saborees todo lo bueno que te ofrece la vida»; «Que disfrutes de felicidad interior». Si quieres, puedes cambiar a la forma «nosotros»: «Que celebremos los regalos de la vida»; «Que nuestros corazones se llenen de gratitud». Cuando esto remueva viejas amarguras, puedes reconocerlo con una atención consciente. Siempre puedes conectar con un deseo compasivo hacia ti mismo, que experimentas amargura en este momento, o volver a los deseos apreciativos hacia una persona querida.

Del mismo modo, puedes ampliar la práctica a grupos de personas, si sientes que hay espacio para hacerlo. Elige un grupo que haya compartido recientemente un acontecimiento alegre o haya celebrado un éxito. Es posible que tú mismo pertenezcas a un grupo de este tipo o que conozcas uno por las noticias: un partido que haya ganado las elecciones, por ejemplo, o un club deportivo que haya ganado un torneo o un grupo que a través de las redes sociales haya compartido un mensaje alegre. Deja que fluyan las palabras de felicitación y los deseos hacia ese grupo, como: «Que compartáis y apreciéis esta alegría»; «Que celebréis juntos esta fortuna»; «Que atesoréis esta experiencia en vuestros corazones». Puedes concluir con: «Que todos los seres disfruten y compartan lo bueno de la vida»; «Que todos los seres sean felices».

Velar por el futuro

Del cuidado surge el valor.
Lao Tse

A falta de una sesión, te recomendamos que durante la próxima semana reflexiones sobre qué puede ayudarte a mantener tu práctica y cómo integrar en tu vida diaria lo que has aprendido durante el curso. ¿Qué prácticas formales de atención plena y compasión mantendrías durante más tiempo y qué prácticas informales sería bueno recordar regularmente a lo largo del día? Date la oportunidad de examinar lo que te motiva en cada momento. ¿Te motiva el sistema de amenaza, de impulso o de sosiego? ¿Tus acciones agotan o mantienen tus recursos? ¿Te centras en el yo, en el tú o en el nosotros? ¿Sirves al egosistema o al ecosistema? ¿Eres fiel a lo que realmente valoras? ¿Eliges tus acciones con atención consciente y con corazón?

Aunque hagas todo lo posible por cuidarte a ti mismo y a los que te rodean, es inevitable que haya periodos de estrés y riesgo de recaer en modos desfavorables. Especialmente en los momentos en que somos vulnerables, podemos volver fácilmente a hábitos y patrones poco saludables. Por lo tanto, te recomendamos que mires hacia el futuro y te preguntes cómo podrías prevenir y aliviar los episodios de sufrimiento en el futuro, especialmente si sabes que eres propenso a recaer en problemas relacionados con el estrés, el agotamiento, la ansiedad, la depresión o la adicción. Es posible que ya tengas un plan de prevención de recaídas. Si es así, puedes revisarlo de nuevo y considerar si necesita algún ajuste compasivo. Si no tienes uno, tal vez desees elaborarlo.

Un plan de prevención compasivo

HOJA DE TRABAJO N.°22

Puedes usar la hoja de trabajo correspondiente como modelo básico para tu plan.

Haz una lista de situaciones estresantes en tu vida que puedan estar en el origen de un riesgo de recaída, por ejemplo, conflictos con los demás, el estrés de los plazos en el trabajo, el comienzo o el final de una relación, sentirte herido, criticado o abandonado.

Haz también una lista de señales de alerta de la inminencia de una recaída. Podrían ser problemas de concentración, preocupaciones persistentes, cambios de humor, irritabilidad, evitación social, problemas de sueño, cambios en el apetito, comportamiento adictivo, fatiga, dolores de cabeza u otras molestias en el cuerpo. Presta especial atención a las primeras señales de alarma. Es importante, por ejemplo, no esperar hasta que tu cuerpo grite de dolor, sino observar y responder a los primeros murmullos de malestar.

Finalmente haz una lista de lo que debes y no debes hacer desde la compasión que pueda guiarte cuando los signos de recaída vuelvan a aparecer. ¿Cómo puedes responder a los primeros signos y también a la situación cuando esta empeora? ¿Qué puedes hacer para ayudarte a ti mismo y qué ayuda podrías pedir a los demás? ¿Qué prácticas y qué remedios que ya han demostrado su eficacia pueden serte útiles? ¿Cuándo y cómo buscarías ayuda profesional?

En el programa MBCT se hace una distinción entre las actividades que normalmente proporcionan sentimientos de placer y las que te dan un sentido de dominio o control.[6] Ambas pueden ayudar a prevenir que tu condición empeore. Las actividades de dominio no son necesariamente placenteras, pero te hacen sentir que tienes la situación controlada. Las actividades placenteras pueden no ser tan agradables como cuando te sientes bien, pero quizá encuentras preferible hacerlas que dejarlas de lado. A veces es sabio ser firme contigo mismo y hacer más actividades; por ejemplo, cuando te encuentras atrapado en comportamientos de evitación que no son saludables o te quedas en la cama demasiado tiempo. A veces la sabiduría es permitirte hacer menos, especialmente si te agotas en los modos de amenaza e impulso. Según la situación, resultará beneficioso aplicar diferentes estrategias. Lo más importante es que estas estrategias provengan de una motivación de cuidar.

Por supuesto, no tienes que buscar la perfección y terminar tu plan de prevención de una sola vez. Puedes trabajar en él paso a paso. Es mucho más difícil hacer un buen plan cuando ya se está en una fase de inestabilidad. Es mejor trabajar en él en los períodos de relativa estabilidad. No dudes en ajustarlo cuando aprendas cosas nuevas sobre ti mismo.

Deja que se convierta en un instrumento útil, que te apoye en los momentos difíciles. Añadir cosas a tu plan, como pequeños objetos simbólicos, cartas compasivas, ideas reconfortantes, citas o poemas inspiradores, puede convertirlo en un «kit de supervivencia compasivo» bien equipado.

Agenda: Ofrecer compasión

La próxima semana puedes explorar las situaciones en las que eres consciente de ofrecer amabilidad o compasión a los demás, en el corazón, con la acción o la palabra. Puedes tomar nota de lo que observas en el cuerpo, los pensamientos y las emociones.

PREGUNTAS PARA REFLEXIONAR

HOJA DE TRABAJO N.°23

- ¿Cuál era la situación?
- ¿Cómo tomaste consciencia de ofrecer compasión?
- ¿Qué sensaciones físicas notaste?
- ¿Qué pensamientos y emociones notaste?
- ¿Qué notas ahora, mientras reflexionas sobre esta experiencia?

MINDFULNESS CON CORAZÓN

Resumen del capítulo 7

En el capítulo 7, los temas clave son la motivación y la acción compasiva y sabia en la vida diaria, el contemplar cómo nos cuidamos a nosotros mismos y a los demás, distinguir las actividades que nos agitan de las que nos sostienen y reconocer aquello que sirve y promueve el ecosistema y no el egosistema.

Reflexionamos sobre cómo pasar de la práctica formal a la informal y sobre cómo podemos profundizar en la práctica de la ecuanimidad y la alegría compartida. Planteamos la cuestión de la ética práctica y cómo podríamos prevenir o aliviar la recurrencia de problemas en el futuro.

Sugerencias para la práctica

Formal

- Explora las prácticas formales de los capítulos anteriores según sea necesario. Si hasta ahora has hecho la «Meditación de la amabilidad» o la «Respiración compasiva» con la ayuda de audios, también puedes probarlas sin estos y ver si puedes guiarte por ti mismo.
- Alterna la «Meditación de la amabilidad» con las variaciones de la «Meditación de la ecuanimidad» (Audio N.°25) o la «Meditación de la alegría compartida» (Audio N.°26).
- Elabora los ejercicios «Un día en tu vida» (HT N.°20) y «Un plan de prevención compasivo» (HT N.°21).

Informal

- Practica regularmente los espacios de respiración o el «Mantra de la autocompasión». Presta especial atención al «Espacio de respiración para una acción sabia y compasiva» (p. 242), ya sea cuando tengas dificultades para elegir qué hacer o cuando notes que actúas en piloto automático.
- Agenda: Ofrecer compasión.

El mundo real

Intenta vivir en el mundo real.
Elimina las fugas
hacia la ficción y la fantasía,
hacia el querer y el soñar,
y abre tu alma a lo que te rodea
en todo su esplendor irracional.

¿Puedes hacer frente a esa brecha
entre dejar ir
todo aquello a lo que te aferras
y afrontar aquello de lo que te has escondido?
No es tarea fácil,
un foco incómodo
sobre ti mismo en el centro del escenario.

Pero en este gran desenredar
corazón y mente,
¿puedes hallar alegría
en las cosas sencillas
que te rodean?
¿Puedes establecer contacto
con el tierno corazón
del extraño con el que te cruzas?

¿Cómo puedo explicar
esos momentos de alegría y gratitud
que fluyen en medio de tu sufrimiento?
No hay falta de cuidado o compasión.

Qué privilegio simplemente estar vivo contigo,
para ofrecer, aunque sea, un bocado de consuelo.

Y si la alegría está incluso aquí,
entonces confía en que está en todas partes
en este mundo real de sufrimiento y no permanencia
si nos preocupamos por mirarlo
y a nosotros mismos a los ojos

«The real world»,
RACHEL HOLSTEAD

8

Una vida sanadora

Sesión 8: Vivir con el corazón

De maravilla en maravilla se abre la existencia.

LAO TSE

Jack Kornfield[1] cuenta una historia sobre unos monjes tailandeses que cuidaban un gran templo con una enorme estatua de arcilla del Buda. Era de apariencia sencilla, pero muy antigua, y la cuidaban con respeto. Aunque había resistido el paso del tiempo, su superficie empezaba a mostrar tantas grietas que decidieron que era necesario repararla. Un monje curioso examinó la estatua más de cerca. Sacó una linterna y miró a través de una de las grietas más amplias, por donde brilló un destello dorado. Se emocionó mucho con el descubrimiento y se lo mostró a los demás monjes. Con mucho cuidado, rasparon la arcilla y poco a poco surgió una hermosa estatua dorada.

Al parecer, los monjes que habían vivido en el monasterio en tiempos de violencia habían decidido hacer un emplasto con arcilla para protegerla de los invasores, pero nadie había sobrevivido para recordarlo. Una vez descubierta, quedó claro que se trataba de una de las imágenes doradas de Buda más preciosas jamás creadas en el sudeste asiático. Hoy en día atrae a muchos devotos peregrinos de todo el país.

Hay una grieta en todo

Bajo el dolor, el tormento y el quebranto, puede haber riqueza y belleza esperando a ser descubiertas. Hay muchas historias de personas que se hicieron más fuertes a pesar de las graves adversidades, o incluso gracias a ellas. Algunas se han hecho famosas, como Nelson Mandela y su lucha contra el *apartheid*. Veintisiete años de duro encarcelamiento no le impidieron convertirse en el primer presidente negro de Sudáfrica.

O la historia de Malala, la adolescente de Pakistán que fue tiroteada por defender su derecho y el de otras niñas a ir a la escuela. Sobrevivió a las heridas, siguió con su misión y se convirtió en la galardonada más joven del Premio Nobel de la Paz.

Hay innumerables historias menos conocidas sobre personas que descubren fortalezas inesperadas en tiempos difíciles. Al trabajar en el sector sanitario, nos encontramos con ellas a diario. Todo el mundo puede descubrir el oro escondido en su interior si atiende con atención consciente y un corazón abierto a las grietas de su vida. Como cantaba el ya desaparecido Leonard Cohen: «Hay una grieta en todo, así es como entra la luz». Las imperfecciones de la vida pueden ser nuestros mejores maestros, pues nos abren los ojos a valores más profundos. Una cualidad autosanadora está presente en todas partes en la naturaleza, y si podemos abrir nuestros corazones a nuestras heridas y pérdidas podemos descubrir el poder de sanarnos desde dentro, una experiencia compartida a la que las tradiciones de sabiduría se han referido como nuestra «Bondad innata».

Sanadores heridos

Algunas heridas no se pueden curar, pero incluso estas pueden permitir la sanación a otros niveles. Existe un mito griego sobre el centauro Quirón, conocido como el Sanador Herido.[2] Los centauros eran seres mitad hombre, mitad caballo, y a menudo eran criaturas audaces y feroces. Sin embargo, Quirón era un centauro sensible y sabio, que sabía mucho de medicina y de curar a los enfermos. Un día él mismo fue herido por una flecha envenenada. A causa del fuerte veneno, la herida no podía curarse y tenía que atenderla diariamente con sumo cuidado. No podía morir de su herida y no podía liberarse de su sufrimiento porque era inmortal. Cuanto más hábil se volvía en el cuidado de su herida, mejor ayudaba a los demás, y de esta manera se convirtió en un maestro muy respetado en el arte de la curación. Al final se liberó de su propio sufrimiento cuando renunció voluntariamente a su inmortalidad.

Si aprendemos a atender nuestras heridas con atención, a percibir lo que necesitan y a cuidarlas de la mejor manera posible, aprenderemos habilidades que nos beneficiarán a nosotros mismos y a los demás. En nuestras sociedades modernas tendemos a confiar en sanadores profesionales que están capacitados para curar enfermedades y tratar todo tipo de problemas por nosotros. Pero no pueden curar el sufrimiento que es una parte inevitable de ser humanos. Nosotros mismos somos responsables de él, y la práctica de la atención plena y de la compasión puede ser un gran apoyo en este sentido. Puede que no siempre nos libere *del* sufrimiento, pero a menudo puede liberarnos *en el* sufrimiento, aquí mismo, en medio de nuestro mundo frenético. Siempre habrá imperfecciones que no podamos curar, pero podemos llegar a estar completos en un nivel más profundo cuando aprendemos a vivir con ellas y abandonamos nuestras ideas fijas o —refiriéndonos a la historia de Quirón— «inmortales», sobre ellas. Así, todos podemos convertirnos en sanadores heridos.

Solemos empezar la última sesión con un ejercicio que los participantes pueden elegir libremente, o con una «Exploración corporal apreciativa» (Audio N.°24) o —si no se ha ofrecido ya en la sesión en silencio— con el ejercicio que sigue a continuación.

El río de la vida

EJERCICIO AUDIO N.°27

Encuentra una posición cómoda para una meditación guiada, sentado o tumbado. Observa amablemente lo que viene y va. Todas las experiencias pueden ser bienvenidas como parte de la práctica. No es necesario que ocurra nada específico. Siéntete libre de elegir entre seguir la guía o seguir tu propio camino, a tu propio ritmo. A veces querrás quedarte un poco más de tiempo en algún lugar, otras veces te tomarás menos tiempo. Ambas cosas están bien. No tienes que trabajar durante el ejercicio, invita a tu imaginación a trabajar por ti.

Imagina que no hay nada. La primera experiencia está todavía por llegar. Ni siquiera sabes lo que es una experiencia. No hay nada y no sabes nada. Y de la nada surge la primera experiencia, como una gota de agua que brota de un manantial. La primera experiencia es la sensación del aire que entra por las fosas nasales. La siguiente gota es la sensación del aire que sale. Las sensaciones de la respiración forman un pequeño arroyo, que se mantiene en el canal de tu conciencia, creciendo a medida que van surgiendo más sensaciones de la respiración, en la nariz, en la garganta, en el pecho, en el vientre, convirtiéndose en un riachuelo, mientras el canal de tu conciencia se adapta y permite, sin esfuerzo, que el riachuelo fluya, que se expanda con otras sensaciones del cuerpo y de los sentidos, surgiendo de la nada: calor y frescura, movimiento y reposo, tensión y relajación, pesadez y ligereza. Sensaciones de olor y sabor, sonidos y silencio, cercanía y lejanía, luz y oscuridad, color y forma. Sensaciones de dentro y fuera, de tocar y ser tocado, agradables y desagradables. El canal de la conciencia las sostiene a todas sin preferencia. Se amplía sin esfuerzo con el volumen de la corriente, convirtiéndose en un río creciente y fluido, dando espacio a lo que viene y va.

Además de la conciencia de lo que emerge dentro y fuera, puede haber imágenes y recuerdos de tiempos pasados que aparecen en la corriente de la conciencia, de la nada. Recuerdos de la primera infancia, vívidos o tenues, imágenes de personas con las que creciste (padres, abuelos, hermanos o hermanas, cuidadores o mentores), imágenes del entorno en el que creciste (casas, amigos, animales o juguetes), imágenes del pasado, ahora recordadas, que surgen de la nada, dolorosas o alegres. El canal de tu conciencia se ensancha sin esfuerzo, dando espacio a lo que surge, dejando ir lo que se disuelve.

Recuerdos del jardín de infancia, de la escuela, de los profesores, de los compañeros de clase. Cosas que aprendiste, de manera difícil o de manera fácil. Recuerdos de éxitos y de fracasos, de ser nutrido y de ser herido, de la comodidad y de la enfermedad. Hay espacio en el canal de tu conciencia para todo, lo amado o lo detestado, lo apreciado o lo despreciado. Tú mismo, cuando eras un niño pequeño, un niño de primaria, un adolescente, un estudiante. El descubrimiento de un mundo en constante expansión, el descubrimiento de la sexualidad, de los placeres y las decepciones. El hacer amigos y el perder el contacto. El ser amado y mal amado. Las mudanzas y viajes, los lugares donde viviste, estudiaste y trabajaste, los encuentros con personas que iban y venían, las relaciones armoniosas y las difíciles, el sentimiento de enriquecerte y también el de estar perdido.

Y si aparecen corrientes, rápidos, cascadas, obstrucciones, remolinos, simplemente puedes dejar que el canal de la conciencia se expanda para permitir que la corriente fluya y se vuelva más calmada y amplia, ofreciendo espacio a todo lo que necesite espacio. Todas las imágenes y recuerdos de tu historia pueden así unirse a la corriente, incluso los olvidados hace tiempo.

Y para todo aquello con lo que te identificaste alguna vez y con lo que te identificas ahora hay espacio en tu conciencia: tus cualidades y habilidades, tus talentos e imperfecciones, tareas y roles, grupos y redes. Hay espacio para tus creencias y opiniones, para todas las historias que te cuentas sobre ti mismo, sobre los demás y sobre el mundo; para todo lo que integras como «yo», «mí» o «mío» hay espacio en la corriente de conciencia. Y también para todo aquello con lo que no te identificas, para cada «no yo», «no mí», «no mío» hay espacio. Para «nosotros» y para «ellos», para el amigo y el enemigo. Todo lo que parece cercano y todo lo que parece lejano puede unirse a la corriente.

No solo el pasado y el presente, sino también las imágenes del tiempo futuro pueden ser contenidas en el canal de la conciencia: planes y sueños, promesas que alberga el futuro, esperanzas y temores, intuiciones sutiles y deseos sinceros, visiones de armonía y paz, así como de infortunio y tristeza, imágenes del cielo y del infierno. Hay espacio para todas las intenciones y todos los compromisos, también para lo que aún es desconocido, incluso para lo inimaginable.

Y así, puedes permanecer presente, permitir que el río crezca y sea sostenido en un canal de conciencia cada vez más amplio y profundo que se ajusta sin esfuerzo a todo lo que necesita espacio. Las orillas del río alejándose tanto que desde un lado no se puede ver el otro. Un río muy grande, cada vez más vasto, cada vez más profundo. El río convirtiéndose en un mar y el mar convirtiéndose en un océano ilimitadamente ancho, ilimitadamente profundo, un corazón tan grande como el mundo, ofreciendo espacio a TODO.

El río de la vida fluye entre la sabiduría de la nada y el amor de todo.[3]

En casa allá donde vayas

Uno de los primeros ejercicios que introdujimos en este libro fue imaginar un lugar seguro, en el que eres aceptado tal y como eres. Este último ejercicio ofrece una metáfora de cómo tu corazón y tu mente pueden ofrecer un lugar seguro a todas tus experiencias tal y como son, con apertura y ecuanimidad. Puedes explorar cómo funciona esta metáfora para ti revisitándola en diferentes ocasiones.

¿Puedes relacionarte íntimamente con la más pequeña gota de experiencia y, al mismo tiempo, abrirte ampliamente hacia el ilimitado océano de posibilidades? Esto puede parecer imposible si lo ves como algo por lo que hay que esforzarse, un objetivo a alcanzar, pero puede que sea tu estado natural una vez que dejes de esforzarte por ser alguien distinto de lo que eres en cada momento. Cuando dejas que tu vida se vaya desplegando como un río que fluye, sin la presión de la huida (sistema de amenaza) ni la tentación de ir hacia adelante (sistema de impulso), sino con la facilidad de acomodarte (sistema de sosiego) a tus experiencias tal y como vienen y van, puedes sentirte en casa allá donde vayas.

En la última sesión del curso recogemos lo que los participantes comparten sobre esta experiencia y contemplamos juntos cómo pueden continuar su viaje en el camino de la compasión consciente. Te invitamos a reflexionar sobre las siguientes cuestiones.

PREGUNTAS PARA REFLEXIONAR

HOJA DE TRABAJO N.°24

* ¿Qué esperabas cuando iniciaste este camino o empezaste a practicar con ayuda de este libro? Puedes revisar lo que anotaste en la hoja de trabajo N.°1 (Resultado deseado).
* ¿Qué has aprendido en el camino?
* ¿Qué ha sido difícil y qué ha sido útil?
* ¿Qué deseas continuar? ¿Qué prácticas formales e informales? ¿Qué podría servirte de apoyo?
* ¿Hay algún símbolo, un pequeño objeto, una tarjeta, un poema o una cita que exprese lo que representa el curso para ti y que pueda servir de recordatorio en el futuro?

Al igual que muchos otros participantes antes que tú, es posible que en el curso hayas aprendido cosas que no esperabas. Puede que hayas encontrado algo valioso en la dificultad. Tal vez se hayan cumplido algunas de las expectativas que habías formulado, y otras no. Puede que haya mucho trabajo en curso. Aunque el programa esté llegando a su fin, el viaje continuará. Lo mismo ocurre al final de un programa de *mindfulness*, cuando decimos que la última sesión del programa no termina en ese momento. Se extiende durante todo el resto de tu vida.

Cuidar tu jardín interior

Para ayudarte a tomar decisiones para la continuidad de la práctica, puedes consultar la visión de conjunto del programa (páginas 276-277). Las prácticas de este curso pueden dividirse en tres categorías, utilizando la metáfora del cuidado de un jardín. De hecho, la práctica de la atención consciente es muy parecida a una jardinería interna. Es como cultivar lo «bueno», lidiar con lo «malo» y cuidar lo «feo»,[4] aunque, por supuesto, esto no debe tomarse en ningún sentido moral.

Cultivar lo bueno: hacer que crezcan las flores de la atención plena y del corazón

Al igual que puedes elegir cultivar frutas, verduras o flores en un jardín exterior, puedes decidir cultivar cualidades benéficas para el desarrollo del *mindfulness* y de una mayor salud en tu jardín interior. En un jardín exterior, para que las plantas prosperen, debes asegurarte de que se den diversas condiciones, tales como el clima adecuado, la luz, una tierra con nutrientes apropiados y la humedad necesaria. Sin embargo, también tienes que cuidar las plantas, prestándoles atención, regándolas y poniendo abono, recortándolas y proporcionándoles soportes, recogiendo lo que está maduro y compostando lo que se marchita.

De manera similar, necesitas buenas condiciones para que tus cualidades internas crezcan. Eso implica establecer y revisar tus intenciones, comprometerte a respetar tus valores y dedicar tiempo a practicar, formal e informalmente, de forma regular. Esta categoría incluye prácticas informales como el «Ritmo de respiración relajante», el «Espacio de respiración con amabilidad» y nutrir el sistema de sosiego a través de los sentidos, por ejemplo, dando «Un paseo agradable». Las prácticas formales de esta categoría son las que se basan en la imaginación: «Un lugar seguro», «Un compañero compasivo» y «Encarnar la compasión». Las otras prácticas formales son las derivadas de las tradiciones que cultivan a las «Cuatro amigas de por vida»: la «Meditación de la amabilidad», la «Respiración compasiva», la «Meditación de la ecuanimidad» y la «Meditación de la alegría compartida». Además, están la «Amabilidad hacia el cuerpo», el «Escaneo corporal apreciativo», el «Caminar y moverse con amabilidad», «Revisitar lo bueno» y la práctica de la gratitud. Y recuerda también las muchas oportunidades de permitir que las prácticas formales impregnen de manera informal tus actividades diarias.

Hacer frente a lo malo: abordar sabiamente las dificultades a medida que van surgiendo

Al igual que las malas hierbas, las plagas, el calor o las heladas, la sequía o las inundaciones pueden dañar las plantas de tu jardín, en la vida diaria pueden surgir dificultades que podrían perjudicar a tu jardín interior. Hay varias prácticas que pueden ayudarte a hacer frente a las condiciones perjudiciales. Por ejemplo, prácticas informales útiles para cuando te enfrentas al estrés o a algún dilema son los espacios de respiración de la variedad del afrontamiento, como el «Espacio de respiración con compasión», la «Respiración compasiva» y la «Respiración para una acción compasiva y sabia». El «Mantra de la autocompasión» es otro ejercicio útil para enfrentar una emergencia y hay prácticas formales que ayudan a explorar y tratar compasivamente la reactividad automática en la que nos vemos fácilmente atrapados, como el hecho de «Abordar la resistencia con compasión», «Abordar el deseo con compasión», «Abordar los patrones internos con compasión» o dirigirte una «Carta compasiva» a ti mismo en esa situación difícil. Es posible que no necesites hacerlas de forma regular, sino cuando sea necesario, al igual que no necesitas quitar las hierbas o regar tu jardín todos los días si las condiciones son buenas.

Cuidar lo feo: cuidados especiales para las heridas no cicatrizadas

Algunas parcelas de un jardín pueden ser tan infértiles, estar tan abandonadas o contaminadas que no crezca nada en ellas. Necesitan cuidados especiales y un jardinero experto para volver a fertilizar esa tierra empobrecida. Del mismo modo, es posible que haya en ti partes gravemente heridas, rechazadas o endurecidas que necesiten un cuidado especial. Estos desiertos interiores pueden tener serias dificultades para recibir la amabilidad y la bondad, y reaccionan con una reactivación del dolor o llamarada (*backdraft*). Requieren de una mayor sensibilidad, de paciencia y bondad amorosa en cantidades manejables. Aquí es necesario afinar en la elección de las prácticas que mejor conectan, escuchando cuidadosamente a estas partes que sufren y sus necesidades más profundas. Las prácticas adecuadas pueden ser: imaginar que tu sufrimiento es sostenido en un lugar seguro, por un compañero compasivo o por ti mismo encarnando la compasión. Otras posibilidades son la respiración compasiva suave, la escritura de cartas compasivas, la práctica de la amabilidad con personas difíciles o la práctica del perdón. Además, trabajar con metáforas como la del susurrador de caballos o la del río que fluye puede servir de apoyo en este tipo de casos.

Sin embargo, los jardineros saben que es importante no regar ciertas plantas con demasiado cuidado. Si les hacen la vida demasiado fácil, las raíces no van a buscar agua y, por lo tanto, se quedan pequeñas y débiles. Son las condiciones menos perfectas las que favorecen que las plantas crezcan fuertes y se vuelvan resistentes. Por eso, ocuparse de lo malo y de lo feo puede ser la forma más poderosa de cultivar lo bueno. Cuando aprendemos a lidiar con los contratiempos, nos volvemos más resilientes y crecemos con fuerza. La resiliencia ha sido adoptada como una nueva definición de salud para las personas y las comunidades.[5] La salud no es ni la ausencia de enfermedad, ni un estado de bienestar en circunstancias ideales. Es la capacidad de crecer y prosperar en condiciones imperfectas.

Apoyo complementario

Así pues, existen muchas maneras de cuidar tu jardín interior. Algunas personas practican a diario, otras de vez en cuando. A algunas les resulta difícil practicar de manera informal si no mantienen su práctica formal, mientras que a otros les resulta bastante natural. Algunas son felices practicando por su cuenta, otros necesitan el apoyo de grupos de meditación más o menos grandes, de forma regular o en retiros ocasionales. En muchos lugares hay grupos de meditación guiada que se pueden encontrar en diversas tradiciones o como sesiones de refuerzo en centros de *mindfulness*. Otras posibilidades son los recursos *online* y los grupos de ayuda mutua y autoaprendizaje, en los que los participantes practican en silencio, utilizan material de audio o se guían los unos a los otros por turnos. A menudo vemos cómo se forman de manera espontánea grupos de este tipo al final de los cursos de formación. También se ofrecen cada vez más cursos de comunicación consciente que permiten seguir profundizando en la práctica.

Puedes consultar los libros que se presentan al final de este capítulo para ampliar la información, así como referencias de páginas web útiles. No dudes en buscar la ayuda profesional de un instructor, consejero o terapeuta si experimentas dificultades que te parecen demasiado importantes para trabajar solo. No lo consideres un fracaso, sino un acto de bondad hacia ti mismo.

Si has utilizado este libro de manera autónoma, recuerda que siempre puedes considerar la posibilidad de apuntarte a un curso de formación de MBCL-Vida compasiva basada en mindfulness. Gran número de participantes han reconocido lo mucho que han valorado compartir este camino dentro del marco de experiencia humana compartida de un grupo. Cada vez se forman más instructores y puedes encontrar un registro de formadores certificados en www.compassionateliving.info (en inglés).

Desplegar tus alas

Para que el pájaro de la iluminación vuele, debe tener
dos alas: el ala de la sabiduría y el ala de la compasión.

Dicho zen

No consideramos que el despertar sea un estado final al que se llega como recompensa de una práctica extenuante. Nos parece más útil verlo como un proceso abierto a todos en las situaciones cotidianas, cuando despertamos —«nos iluminamos»— a lo que se muestra y dejamos que nuestro corazón resuene con ello. La sabiduría y la compasión necesitan ser reactivadas una y otra vez en las situaciones únicas que aparecen. Solo puedes descubrir lo que esto significa recorriendo tu propio camino. Nadie ha recorrido este camino antes que tú. Así que avanza con cuidado, con atención consciente y con corazón. Entonces, el oro oculto en tu interior podrá revelarse poco a poco, paso a paso.

Que estés seguro.
Que te liberes del sufrimiento y encuentres la plenitud en las imperfecciones de la vida.
Que disfrutes de la felicidad interior y vivas en paz contigo mismo y con los que te rodean.
Que puedas desplegar tus alas de sabiduría y compasión y traigas la sanación a ti mismo y a aquellos cuyas vidas tocas.

Resumen del capítulo 8

En el capítulo 8 reflexionamos sobre cómo la compasión consciente puede facilitar nuestra capacidad de autosanación y cómo podemos convertirnos en sanadores heridos. Ofrecemos otra metáfora en «El río de la vida». Hemos propuesto muchas prácticas que pueden ayudarte a cultivar lo que es bueno para ti y que puedes realizar de forma regular, formal e·informalmente; y otras prácticas que puedes hacer de manera puntual, cuando sea necesario, para ayudarte a manejar con sabiduría las dificultades a medida que van surgiendo y te enfrentas a partes heridas que necesitan cuidados especiales.

Sugerencias para la práctica

- Puedes evaluar el programa reflexionando sobre las preguntas de la HT N.°24.
- Te invitamos a que te ofrezcas a ti mismo sugerencias sobre las prácticas que harás en las próximas semanas.
- Ofrecemos un resumen detallado del conjunto del programa en las páginas 276-277, con la visión general de las sesiones, para que puedas recordar en el futuro los principales temas y prácticas (HT N.°25).

Vida

Vive la vida con fiereza,
pero no tengas miedo de morir.
Abraza el más fundamental de los conocimientos
y deja que coloree cada momento de respiración.

Mira con calma a través de la división
y escribe palabras de amor y gratitud
para que hablen por ti desde el otro lado.
Distribuye los adornos de tu vida
y elige tu lugar de descanso.

Después baila libremente,
regalos ofrecidos
sin ataduras.

«Life»,
RACHEL HOLSTEAD

Puzle MBCL

PRACTICADOS CUANDO SE NECESITA
Trabajando con las dificultades
- Abordar la resistencia con compasión
- Abordar el deseo con compasión
- Abordar los patrones internos con compasión
- Escribir una carta compasiva
- Ejercicios de perdón: perdonarte a ti mismo, pedir perdón, perdonar a los demás

PRACTICADOS REGULARMENTE
Imaginación
- Un lugar seguro
- Un compañero co
- Encarnar la comp

Ejercicios con metáforas
- El susurrador de caballos
- El río de la vida

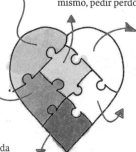

Cuatro amigas de por vida
- Meditación de la amabilidad
- Respiración con compasión
- Meditación de la ecuanimidad
- Meditación de la alegría compartida
- Caminar con amabilidad
- Amabilidad hacia el cuerpo
- Exploración corporal apreciativa
- Un paseo agradable
- Revisitar lo bueno

Ejercicios para reflexionar
- Considera los tres círculos en tu vida
- El borde plateado
- Tus valores
- Un día en tu vida
- Un plan de prevención compasivo

Práctica informal
- Espacio de respiración con amabilidad
- Espacio de respiración con compasión
- Espacio de respiración con respiración compasiva
- Respiración para una acción sabia y compasiva
- Mantra de la autocompasión
- Agenda de ejercicios
- Ritmo respiratorio relajante
- Una mano en el corazón (u otro gesto de compasión)

Visión general de las sesiones

Sesión	1 Los sistemas de amenaza, impulso y sosiego	2 Amenaza y autocompasión	3 Desenredar deseos y patrones internos	4 Encarnar la compasión
Temas	Por qué (no) practicar la compasión. La forma en que ha evolucionado nuestro cerebro no es culpa nuestra. Los tres sistemas y su equilibrio.	Reacciones a la amenaza exterior e interna: lucha, huida y bloqueo. Cuidado y conexión. Caminos hacia la autocompasión. Dificultades en la práctica.	Deseo y satisfacción Patrones saludables y no saludables Crítico interno y emociones de la autoconciencia (por ejemplo, vergüenza, culpa)	Direcciones del flujo de la compasión. Juego simbólico. El loto de la compasión: cualidades, habilidades. Alimentar un ayudante interno.
Prácticas • **En caso de necesidad**	Considerar los tres sistemas en nuestra vida	Abordar la resistencia con compasión	Explorar con compasión los deseos y patrones internos	Continuar
Regulares				
Imaginación	Un lugar seguro	Un compañero compasivo	Continuar	Encarnar la compasión
Meditación de la amabilidad	Uno mismo	Un benefactor	Una persona querida	Una persona neutra
Otros	Un paseo agradable	Continuar	Continuar	Amabilidad para el cuerpo Caminar con amabilidad
Informales	Espacio de respiración con amabilidad	Espacio de respiración con compasión Recordatorio de la autocompasión	Continuar	Continuar
Agenda	Sistema de sosiego	Sistema de amenaza	Sistema de impulso	Crítico interno

Hoja de trabajo N.º25

5 Uno mismo y los demás: ampliar el círculo	6 Cultivar la alegría	SESIÓN DE LA PRÁCTICA EN SILENCIO: Por ejemplo, meditación de la amabilidad, imaginación, caminar con bondad, escáner corporal, metáforas	7 Integrar la sabiduría y la compasión en la vida cotidiana	8 Vivir con el corazón
Cualidades relacionales de la compasión El problema de la sobreidentificación Los retos de la meditación de la amabilidad hacia uno mismo y hacia los demás	Tres puertas a la felicidad: una vida agradable, una vida comprometida y una vida con sentido Las cuatro amigas de por vida: amabilidad, compasión, alegría empática y ecuanimidad		¿Motivación por amenaza, impulso o atención? ¿Agotador o revitalizante? ¿Egosistema o ecosistema? De la práctica formal a la informal Ética práctica	Poder curativo de la compasión Evaluación: ¿Cómo continuar? Cultivar el jardín interior
Una carta compasiva	Perdonarse a sí mismo, a los otros		Un día en tu vida	Metáforas: el susurrador de caballos; el río de la vida
Respiración compasiva: uno mismo / los otros	Revisitar lo bueno		Continuar	Continuar
Una persona difícil	Grupos, todos los seres		Meditación de la ecuanimidad Meditación de la alegría Continuar	Continuar
Espacio de respiración con compasión Ayudante interno	Continuar Recibir compasión		Espacio de respiración para una acción sabia y compasiva Ofrecer compasión	Continuar

Lecturas complementarias

Aquí proponemos algunos títulos accesibles para el público general sobre este tema:

ARMSTRONG, K., *Doce pasos para una vida compasiva*, Paidós, Barcelona, 2020.

BARAZ, J., y S. ALEXANDER, *Awakening Joy*, Bantam, Nueva York, 2010.

BRACH, T., *Aceptación Radical*, Gaia Ediciones, Madrid, 2014.

BROWN, B., *Daring Greatly*, Avery; 2015.

BURCH, V., Y D. PENMAN, *Tú no eres tu dolor*, Kairós, Barcelona, 2016.

CHÖDRÖN, P., *Tonglen*, Vajradhatu Publications, Halifax, 2001.

DALÁI LAMA, S. S., y D. Tutu, con D. Abrams, *El libro de la alegría*, Grijalbo, Barcelona, 2016.

FELDMAN, CH., *Boundless Heart*, Shambhala, Boulder, 2017.

FREDRICKSON, B., *Amor 2.0*, Océano, Ciudad de México, 2021.

GERMER, CH., *El poder del mindfulness*, Paidós, Barcelona, 2011.

GILBERT, P., Y CHODEN, *Mindful Compassion*, New Harbinger Publications, Oakland, 2013.

GILLIS CHAPMAN, S., *Las cinco claves de la comunicación mindful*, Desclée De Brouwer, Bilbao, 2016.

HALLIWELL, E., *Into the Heart of Mindfulness*, Piatkus, 2016.

HANSON, R., *Cultiva la felicidad. Aprende a remodelar tu cerebro y tu vida*, Sirio, Barcelona, (2013), 2015.

IRONS, CH., Y E. BEAUMONT, *The Compassionate Mind Workbook*, Constable and Robinson, Londres, 2017.

JINPA, T., *Anatomía del corazón: Compasión budista para transformar tu vida*, Grijalbo, Barcelona, 2017.

LEHRHAUPT, L., *Mindfulness-Based Stress Reduction*, New World Library, Novato, 2017.

NEFF, K., *Sé amable contigo mismo: El arte de la compasión hacia uno mismo*, Paidós, Barcelona, 2016.

NEFF, K., *Autocompasión fiera: cómo las mujeres pueden utilizar la amabilidad para expresarse, empoderarse y crecer*, Paidós, Barcelona, 2022.

RICARD, M., *En defensa del altruismo*, Urano, Barcelona, 2016.

SALZBERG, S., *Loving-Kindness*, Shambala, Boulder, 1995.

SIEGEL, D., *Mindsight*, Paidós, Barcelona, 2011.

WILLIAMS, M., Y D. PENMAN, *Mindfulness: Una guía práctica para encontrar la paz en un mundo frenético*, Booket, Barcelona, 2016.

Webs de interés sobre el programa MBCL

Mindfulness-Based Compassionate Living
https://mbcl.org/

Compassionate Living
https://www.compassionateliving.com

Mindfulness con Corazón
https://www.mindfulnessconcorazon.com

Índice analítico

Lista de descargas de los audios

Los siguientes archivos mp3 se pueden descargar para uso personal y no comercial.

Audio N.º 1. Espacio de respiración con amabilidad
Audio N.º 2. Un lugar seguro
Audio N.º 3. Meditación de la amabilidad: tú mismo
Audio N.º 4. Abordar la resistencia con compasión
Audio N.º 5. Espacio de respiración con compasión
Audio N.º 6. Un compañero compasivo
Audio N.º 7. Meditación de la amabilidad: un benefactor
Audio N.º 8. Abordar el deseo con compasión
Audio N.º 9. Abordar los patrones internos con compasión
Audio N.º 10. Meditación de la amabilidad: una persona querida
Audio N.º 11. Encarnar la compasión
Audio N.º 12. Meditación de la amabilidad: persona neutra
Audio N.º 13. Amabilidad hacia el cuerpo
Audio N.º 14. Caminar con amabilidad
Audio N.º 15. Meditación de la amabilidad: una persona «difícil»
Audio N.º 16. Respiración compasiva: tú mismo
Audio N.º 17. Respiración compasiva: los demás
Audio N.º 18. Revisitar lo bueno
Audio N.º 19. Perdonarse a sí mismo
Audio N.º 20. Pedir perdón

Audio N.° 21. Perdonar a los demás
Audio N.° 22. Meditación de la amabilidad: los grupos y todos los
   seres
Audio N.° 23. Una exploración apreciativa del cuerpo
Audio N.° 24. El susurrador de caballos
Audio N.° 25. Meditación de la ecuanimidad
Audio N.° 26. Meditación de la alegría compartida
Audio N.° 27. El río de la vida

Lista de descargas de las hojas de trabajo (HT)

Los siguientes archivos pdf pueden descargarse para uso personal y no comercial.

HT N.° 1. Resultado deseado
HT N.° 2. Progreso general
HT N.° 3. Un lugar seguro
HT N.° 4. Amabilidad con uno mismo
HT N.° 5. Agenda: Sistema de sosiego
HT N.° 6. Abordar la resistencia con compasión
HT N.° 7. Un compañero compasivo
HT N.° 8. Agenda: Sistema de amenaza
HT N.° 9. Abordar el deseo con compasión
HT N.° 10. Reconocer los patrones internos
HT N.° 11. Abordar los patrones internos con compasión
HT N.° 12. Agenda: Sistema de impulso
HT N.° 13. Hacer como si
HT N.° 14. Encarnar la compasión
HT N.° 15. Agenda: El crítico interno
HT N.° 16. Agenda: El ayudante interno
HT N.° 17. Perdonarse a sí mismo
HT N.° 18. Gratitud
HT N.° 19. Descubre tus valores

HT N.º 20. Agenda: Recibir compasión
HT N.º 21. Un día en tu vida
HT N.º 22. Un plan de prevención compasivo
HT N.º 23. Agenda: Ofrecer compasión
HT N.º 24. Evaluación del programa
HT N.º 25. Visión general del programa

Las hojas de trabajo se van proponiendo, de una en una, a lo largo de cada capítulo.

Para facilitarte el acceso las hemos reunido también en un pequeño cuaderno de ejercicios que puedes descargarte escaneando el siguiente código QR:

Notas

BIENVENIDA

1. J. KABAT-ZINN, *Vivir con plenitud las crisis*, Kairós, Barcelona, 2016.
2. Z. V. SEGAL, J. MARK G. WILLIAMS Y JOHN D. TEASDALE, *MBCT. Terapia cognitiva basada en el mindfulness para la depresión*, Kairós, Barcelona, (2013), 2017.
3. E. VAN DEN BRINK y F. Koster, *Vida compasiva basada en mindfulness. Un nuevo programa para profundizar en* mindfulness *con heartfulness*, Desclée De Brouwer, Bilbao, (2015), 2017.
4. Resumido en el capítulo 1.6, «Investigación», en E. VAN DEN BRINK y F. KOSTER, *Un nuevo programa para profundizar en mindfulness con heartfulness*, Desclée De Brouwer, Bilbao, 2017, pp. 109-132.
5. K. D. NEFF, Y C .K. GERMER, «A pilot study and randomized controlled trial of the mindful self-compassion program», en *Journal of Clinical Psychology*, 69, pp. 28-44, 2012.
6. A. A. BARTELS-VELTHUIS, M. J. SCHROEVERS, K. VAN DER PLOEG, F. KOSTER, J. FLEER Y E. VAN DEN BRINK, «A Mindfulness-Based Compassionate Living training in a heterogeneous sample of psychiatric outpatient: a feasibility study» en *Mindfulness*, 7, pp. 809-818, 2016.
7. R. SCHULING, M. HUIJBERS, H. JANSEN, R. METZEMAEKERS, E. VAN DEN BRINK, F. KOSTER, H. VAN RAVESTEIJN Y A. SPECKENS, «The co-creation and feasibility of a compassion training as a follow-up to mindfulness-based cognitive therapy in patients with recurrent depression» en *Mindfulness*, 9(2), pp. 412-422, 2018.

8. T. Krieger, D. S. Martig, E. van den Brink y T. Berger, «Working on selfcompassion online: A proof of concept and feasibility study», en *Internet Interventions*, 6, pp. 64-70, 2016.

9. R. Schuling, M. J. Huijbers, H. van Ravesteijn, R. Donders, W. Kuyken y A. E. M. Speckens, «A parallel-group, randomized controlled trial into the effectiveness of Mindfulness-Based Compassionate Living (MBCL) compared to treatment-as-usual in recurrent depression: Trial design and protocol», en *Contemporary Clinical Trials*, 50, pp. 77-83, 2016.

10. R. Schuling, M. J. Huijbers, H. van Ravesteijn, R. Donders, L. Cillessen, W. Kuyken y A. E. M. Speckens, «Recovery from recurrent depression: Randomized controlled trial of the efficacy of mindfulness-based compassionate living compared with treatment-as-usual on depressive symptoms and its consolidation at longer term follow-up», en *Journal of Affective Disorders*, 273, pp. 265-273, 2020.

11. T. Krieger, F. Reber, B. Von Glutz, A. Urech, C. T. Moser, A. Schulz y T. Berger, «An Internet-Based Compassion-Focused Intervention for Increased Self-Criticism: A Randomized Controlled Trial», en *Behavior Therapy*, 50, pp. 430-445, 2019.

12. N. Ondrejková, J. Halamová y B. Strnádelová, «Effect of the intervention mindfulness based compassionate living on the level of self-criticism and self-compassion», en *Current Psychology*, 41, pp. 2747-2754, 2020.

CAPÍTULO 1

1. P. Gilbert, «Compassion: Definitions and controversies», en P. Gilbert (ed.), *Compassion: concepts, research and applications*, Routledge, Londres, 2017, pp. 3-15.

2. Resumido en el Capítulo 1.6, «Trabajos de Investigación», en E. van den Brink y F. Koster, *Vida compasiva basada en mindfulness: Un nuevo programa para profundizar en mindfulness con heartfulness*, Desclée De Brouwer, Bilbao, pp. 109-132.

3. Z. V. Segal, J. Mark G. Williams y John D. Teasdale, *MBCT. Terapia cognitiva basada en el mindfulness para la depresión*, Kairós, Barcelona, (2013), 2017.

4. P. Gilbert, *Terapia centrada en la compasión*, Desclée De Brouwer, Bilbao, (2010), 2015.

5. P. D. MacLean, *The Triune Brain in Evolution: Role in Paleocerebral Functions*, Springer, Nueva York, 1990. Puedes encontrar también introducciones a la evolución del cerebro humano en R. Hanson y R. Mendius, *Buddha's Brain: The Practical Neuroscience of Happiness, Love & Wisdom*, New Harbinger Publications, Oakland (CA), 2009; R. Hanson, *Cultiva la felicidad: Aprende a remodelar tu cerebro y tu vida*, Sirio, Barcelona, 2015.

6. https://en.wikipedia.org/wiki/Pandora; consultado el 28 de julio 2022.

7. D. J. Siegel, *The Mindful Brain: Reflection and Attunement in The Cultivation of Well-Being*, W. W. Norton, Nueva York, 2007.

8. P. Gilbert, *La mente compasiva*, Eleftheria, Barcelona, (2009), 2018.

9. D. Lee y S. James, *The Compassionate Mind Approach to Recovering from Trauma*, Constable & Robinson, Londres, 2012.

10. R. A. Depue y J. V. Morrone-Strupinsky, «A Neurobehavioral Model of Affiliative Bonding», en *Behavioral and Brain Sciences*, 28 (2005): pp. 313-395.

11. Por motivos didácticos, utilizamos un diagrama simplificado, inspirado en el que se propone en P. Gilbert, *La mente compasiva*, Eleftheria, Barcelona, 2018, p. 22. Nosotros colocamos el sistema de sosiego abajo, como se explica en E. van den Brink y F. Koster, *Vida compasiva basada en mindfulness. Un nuevo programa para profundizar en mindfulness con heartfulness*, Desclée De Brouwer, Bilbao, 2017, p. 149.

12. S. W. Porges, «The polyvagal perspective», en *Biological Psychology*, 74 (2007): pp. 116-143.

13. M. Olff, J. L. Frijling, L. D. Kubzansky, B. Bradley, M. A. Ellenbogen, C. Cardoso, J. A. Bartz, J. R. Yee y M. van Zuiden, «The Role of Oxytocin in Social Bonding, Stress Regulation and Mental Health: An Update on The Moderating Effects of Context and Interindividual Differences» en *Psychoneuroendocrinology*, 38 (2013): pp. 1883-1894.

14. P. Rozin y E. B. Royzman, «Negativity Bias, Negativity Dominance, And Contagion», en *Personality and Social Psychology Review*, 5 (2001): pp. 296-320.

15. R. Hanson, *Cultiva la felicidad. Aprende a remodelar tu cerebro y tu vida*. Sirio, Barcelona, (2013), 2015.

16. D. Goleman, *Inteligencia social*, Kairós, Barcelona, (2006), 2006.

17. B. E. Kok, K. A. Coffey, M. A. Cohn, L. I. Catalino, T. Vacharkulksemsuk, S. B. Algoe, M. Brantley y B. L. Fredrickson, «How Positive Emotions Build Physical Health: Perceived Positive Social Connections Account for The Upward Spiral Between Positive Emotions and Vagal Tone», en *Psychological Science*, 24 (2013): pp. 1123-1132.

18. S. Salzberg, *Loving Kindness: the revolutionary art of happiness*, Shambala, Boston, 1995.

19. B. van der Kolk, *El cuerpo lleva la cuenta*, Eleftheria, Barcelona, (2014), 2020.

CAPÍTULO 2

1. Traducido de M. Proust, *À la recherche du temps perdu*. V. 5: *La Prisionnère*, Gallimard, París, 1925, p. 69.

2. T. Brach, *Aceptación radical*, Gaia Ediciones, Madrid, (2004), 2014.

3. C. K Germer, ., *El poder del mindfulness*, Paidós, Barcelona, (2009), 2011.

4. K. D. Neff, «Self-compassion: An alternative conceptualization of a healthy attitude toward oneself», en *Self and Identity*, 2 (2) (2003): pp. 85-102.

5. K. Neff, *Sé amable contigo mismo: El arte de la compasión hacia uno mismo* Paidós, Barcelona, (2011), 2016.

6. Z. V. Segal, J. Mark G. Williams y John D. Teasdale, *MBCT. Terapia cognitiva basada en el mindfulness para la depresión*, Kairós, Barcelona, (2013), 2017.

7. S. Taylor, «Tend and befriend: Biobehavioral Bases of Affiliation Under Stress», en *Current Directions in Psychological Science*, 15 (2006): pp. 273-277.

8. F. De Waal, *La edad de la empatía*, Tusquets, Barcelona, (2009), 2015.

9. L. Cozolino, *The Neuroscience of Human Relationships: Attachment and the Developing Social Brain*, Norton, Nueva York, 2006.

10. D. Keltner, *Born to be good: The science of a meaningful life*, Norton, Nueva York, 2009.

11. K. Armstrong, *Doce pasos para una vida compasiva*, Paidós, Barcelona, (2011), 2020.

12. C. K. Germer, *El poder del mindfulness*, Paidós, Barcelona, (2009), 2011.

13. R. M. Rilke, *Cartas a un joven poeta*, Obelisco, Barcelona, (1929), 2021.

14. P. Gilbert, *Terapia centrada en la compasión*, Desclée De Brouwer, (2010), 2015.

15. Germer, C. K., *El poder del* mindfulness, Paidós, Barcelona, [2009] 2011.

16. M. Mikulincer y P. R. Shaver, *Attachment in adulthood: Structure, dynamicsand change*, Guilford Press, Nueva York, 2007.

17. D. J. Siegel, *The Mindful Therapist: A Clinician's Guide to Mindsight and Neural Integration*, W. W. Norton, Nueva York, 2010.

18. Albert Einstein, citado en «What life means to Einstein: An interview by George Sylvester Viereck,» en *The Saturday Evening Post*, 26 de octubre de 1929.

19. R. J. Davidson, «The Neurobiology of Compassion» en C. K. Germer y R. D. Siegel (dir.), *Compassion and Wisdom in Psychotherapy*, Guilford Press, Nueva York, 2012, pp. 111-118.

CAPÍTULO 3

1. Homero, *La Odisea*.

2. Inspirado en T. Brach, *Aceptación radical*, Gaia Ediciones, Madrid, (2004), 2014.

3. S. Bowen, N. Chawla, G. Alan Marlatt, *Prevención de recaídas en conductas adictivas basada en mindfulness. Guía Clínica*, Desclée De Brouwer, Bilbao, 2011.

4. K. Goss, *The Compassionate Mind Approach to Beating Overeating*, Constable & Robinson, Londres, 2011.

5. P. Gilbert, «Social mentalities: Internal 'social' conflicts and the role of inner warmth and compassion in cognitive therapy», en P. Gilbert y K. G. Bailey (dir.), *Genes On the Couch: Explorations in Evolutionary Psychotherapy*, Brunner-Routledge, Hove (Reino Unido), pp. 118-150.

6. P. Gilbert, *Terapia centrada en la compasión*, Desclée De Brouwer, Bilbao, (2010), 2015.

7. K. D. Neff y R. Vonk, «Self-Compassion versus Global Self-Esteem: Two Different Ways of Relating to Oneself», en *Journal of Personality*, 77 (2009): pp. 23-50.

8. T. Jinpa, *Anatomía del corazón. Compasión budista para transformar tu vida*, Grijalbo, Barcelona, 2017.

9. M. Ricard, *En defensa del altruismo*, Urano, Barcelona, 2016.

10. J. L. Tracy, R. W. Robins y J. P. Tangney (dir.), *The Self-Conscious Emotions: Theory and research*, Guilford Press, Nueva York, 2007.

11. B. Brown, *El poder de ser vulnerable. ¿Qué te atreverías a hacer si el miedo no te paralizara?*, Urano, Barcelona, 2016.

12. L. Henderson, *Improving Social Confidence and Reducing Shyness Using Compassion Focused Therapy*, Constable & Robinson, Londres, 2010.

13. J. E. Young, J. S. Klosko y M. E. Weishaar, *La terapia de esquemas*, Desclée De Brouwer, Bilbao, 2013.

CAPÍTULO 4

1. Para las diferentes direcciones del flujo de la compasión y los obstáculos que surgen, ver P. Gilbert, *La mente compasiva*, Eleftheria, Barcelona (2009), 2018; T. Jinpa, *Anatomía del corazón. Compasión budista para transformar tu vida*, Grijalbo, Barcelona, 2017.

2. Y .M. C. Meevissen, M. L. Peters y H. J. M. E. Alberts, «Become more optimistic by imagining a best possible self: Effects of a two-week intervention», en *Journal of Behavior Therapy and Experimental Psychiatry*, 42 (2011): pp. 371-378.

3. P. Gilbert, , *La mente compasiva*, Eleftheria, Barcelona (2009), 2018. Por razones didácticas, les hemos dado a la sabiduría y al valor un lugar más claro en el modelo, allí donde Gilbert sitúa las cualidades de no juzgar y de tolerancia al malestar. La sabiduría implica a la vez no juzgar y discernimiento. El valor combina la voluntad de afrontar las dificultades y la resistencia para soportarlas.

4. El interés de Darwin por la simpatía se menciona en Keltner, D. *Born to be good*, New York, W. W. Norton, 2009.

5. M. Ricard, *En defensa del altruismo*, Urano, Barcelona, 2016.

6. V. Burch y D. Penman, .Tú no eres tu dolor, Kairós, Barcelona, 2016.

CAPÍTULO 5

1. Aquí presentamos un resumen de los conocimientos psicológicos sobre el concepto del yo. Para más detalles, ver E. VAN DEN BRINK Y F. KOSTER, *Vida compasiva basada en mindfulness. Un nuevo programa para profundizar en el mindfulness con heartfulness*, Desclée De Brouwer, Bilbao (2015), 2017.

2. Designado con los términos «self-as-context» y «self-as-content», ver S. HAYES, K. STROSAHL Y K. WILSON, *Acceptance and commitment therapy: The process and practice of mindful change*, Guilford Press, Nueva York, 2012.

3. S. SALZBERG, *Loving Kindness. The Revolutionary Art of Happiness*, Shambala, Boston, 1995.

4. B. FREDRICKSON, *Amor 2.0*, Océano, Ciudad de México, 2021.

5. P. CHÖDRÖN, *Tonglen: the path of transformation*, Vajradhatu, Halifax, 2001.

6. J. CROCKER, Y A. CANEVELLO, «Egosystem and ecosystem: Motivational perspectives on caregiving», en S. L. BROWN, R. M. BROWN Y L. A. PENNER (dir.), *Moving Beyond Self-interest: Perspectives from Evolutionary Biology, Neuroscience, and the Social Sciences*, Oxford University Press, Nueva York, 2012, pp .221-223. Ver también el capítulo 7.

7. C. BARKS Y J. MOYNE, *The essential Rumi*, Harper, San Francisco, 1997.

CAPÍTULO 6

1. W. BLAKE, *Poems*, Everyman's Library, Londres, 1994.

2. R. HANSON, *Cultiva la felicidad. Aprende a remodelar tu cerebro y tu vida*. Sirio, Barcelona, (2013), 2015.

3. S. LYUBOMIRSKY, *La ciencia de la felicidad. Un método probado para conseguir el bienestar*, Urano, Barcelona (2007), 2021.

4. M. SELIGMAN, *La auténtica felicidad*. B de Bolsillo, Barcelona (2002), 2011.

5. C. FELDMAN, *Boundless heart: The Buddha's path of kindness, compassion, joy, and equanimity*, Shambhala, Boulder, 2017; B. A. WALLACE, *Los cuatro inconmensurables: prácticas para abrir el corazón*, Eleftheria, Barcelona (2010), 2018.

6. Parafraseando el título de la canción de John Lennon «Give peace a chance», lanzada en 1969, que traducido literalmente sería: «Dale una oportunidad a la paz».

7. D. TUTU, *No future without forgiveness*, Image, Nueva York, 2000.

8. J. H. HALL Y F. D. FINCHAM, «Self-forgiveness: The Stepchild of Forgiveness Research», en *Journal of Social and Clinical Psychology*, 24 (2005): pp.621-637; TOUSSAINT, L. Y P. FRIEDMAN, «Forgiveness, gratitude, and well-being: The mediating role of affect and beliefs», en *Journal of Happiness Studies*, 10 (2008): pp. 635-654.

9. T. BRACH, *Aceptación Radical*, Gaia Ediciones, Madrid, 2014.

10. O. WILDE, *Un marido ideal*, Losada, Buenos Aires, (1899) 2004.

11. Extracto del poema «Anoche cuando dormía» de MACHADO, A., *Campos de Castilla*, Cátedra, Madrid (1907), 2006.

12. Canción escrita por Elton John y Bernie Taupin, lanzada en 1976.

13. Inspirado en un proverbio francés.

14. R. A. EMMONS Y M. E. MCCULLOUGH, «Counting blessings versus burdens: An experimental investigation of gratitude and subjective well-being in daily life», en *Journal of Personality and Social Psychology*, 84 (2003): pp. 377-389.

15. En F. NIETZSCHE, *El crepúsculo de los ídolos*, Alianza, Madrid (1889), 2013.

16. HAYES, S., K. STROSAHL Y K. WILSON, *Acceptance and commitment therapy: The process and practice of mindful change*, Guilford Press, Nueva York, 2012.

17. S. KLEIN, *Survival of the nicest: How altruism made us human and why it pays to get along*, The Experiment, Nueva York, 2014; RICARD, M. *En defensa del altruismo*, Urano, Barcelona, 2016.

18. N. EVANS, *El hombre que susurraba a los caballos*, DeBolsillo, Barcelona (1995), 2004.

CAPÍTULO 7

1 J. CROCKER Y A. CANEVELLO, «Egosystem and ecosystem: Motivational perspectives on caregiving», en S. L. BROWN, R. M. BROWN Y L. A. PENNER (eds.), *Moving beyond Self-Interest: Perspectives from Evolutionary*

Biology, Neuroscience, and the Social Sciences, Oxford University Press, Nueva York, 2012, pp. 211-223.

2. Z. V. SEGAL, J. MARK G. WILLIAMS Y JOHN D. TEASDALE, *MBCT. Terapia cognitiva basada en el mindfulness para la depresión,* Kairós, Barcelona (2013), 2017.

3. T. BRACH, Aceptación radical, Gaia Ediciones, Madrid (2004), 2014.

4. S. Klein, *Survival of the Nicest: How Altruism Made Us Human and Why It Pays to Get Along.* Nueva York 2014; The Experiment, M. RICARD, *En defensa del altruismo,* Urano, Barcelona, 2016.

5. S. GILLIS CHAPMAN, *Las cinco claves de la comunicación mindful,* Desclée De Brouwer, Bilbao, 2016.

6. Z. V. SEGAL, J. MARK G. WILLIAMS Y JOHN D. TEASDALE, *MBCT. Terapia cognitiva basada en el mindfulness para la depresión,* Kairós, Barcelona (2013), 2017.

CAPÍTULO 8

1. J. KORNFIELD, *La sabiduría del corazón,* La liebre de marzo, Barcelona, 2010, pp. 11 y 12.

2. https://en.wikipedia.org/wiki/Chiron, consultado el 31 de julio 2022.

3. Inspirado en Sri Nisargadatta, citado en: SUDHAKAR S. DIKSHIT (ed.), *I am that: Talks with Sri Nisargadatta Maharaj,* The Acorn Press, Durham, 2012.

4. Con un guiño humorístico a la película de Sergio Leone *El bueno, el feo y el malo* (1966).

5. A. J. ZAUTRA, J. S. HALL Y K. E. MURRAY, «Resilience: A new definition of health for people and communities» en J. R. REICH, A. J. ZAUTRA Y J. S. HALL (eds). *Handbook of Adult Resilience,* Guilford, Nueva York, 2010, pp. 3-30.

Notas

301